普通高等院校"十四五"新工科前瞻性人才培养精品教材

企业生产计划与控制

官倩宁 主 编

西南交通大学出版社
·成 都·

图书在版编目（CIP）数据

企业生产计划与控制 / 官倩宁主编. —成都：西
南交通大学出版社，2021.5
ISBN 978-7-5643-8038-0

Ⅰ. ①企… Ⅱ. ①官… Ⅲ. ①工业生产计划 – 高等学
校 – 教材 Ⅳ. ①F402.1

中国版本图书馆 CIP 数据核字（2021）第 095626 号

Qiye Shengchan Jihua yu Kongzhi
企业生产计划与控制

主　　编／官倩宁

责任编辑／李芷柔
封面设计／何东琳设计工作室

西南交通大学出版社出版发行

（四川省成都市金牛区二环路北一段 111 号西南交通大学创新大厦 21 楼　610031）
发行部电话：028-87600564　　028-87600533
网址：http://www.xnjdcbs.com
印刷：四川森林印务有限责任公司

成品尺寸　185 mm×260 mm
印张　8.75　　字数　206 千
版次　2021 年 5 月第 1 版　　印次　2021 年 5 月第 1 次

书号　ISBN 978-7-5643-8038-0
定价　28.00 元

随着世界经济与科技的发展，人们对产品的个性化需求也不断增加。对生产企业而言，要满足顾客的个性化需求和适应市场的不断发展变化，需要企业对传统生产方式和管理模式进行改革。工业工程的管理理念和方法就迎合了现代企业的需求。工业工程是以科学管理为基础发展起来的一门应用性工程专业技术，其先进的思想和管理方法正被越来越多的企业认可和接受。

生产计划与控制是工业工程的重要研究领域之一。生产计划与控制不是简单的生产管理，它是研究如何将生产要素组成有机系统并有效地运营、改善，创造出产品和服务的一门学科。生产计划与控制是生产运作的重要部分，同时，也是企业资源计划（ERP）系统的核心模块。生产计划与控制的目的在于根据市场需求的变化制订生产计划，合理安排物料、设备和人力等进行生产，通过控制生产过程来提高产品质量、降低成本和缩短交货期，从而提高企业运行的效率，使生产系统在各方面都实现最佳化的功效，最终满足客户的需求。

本书一共分为九章，第一章概论、第二章生产与运作战略管理、第三章需求预测、第四章库存管理和 MRP、第五章综合生产计划、第六章生产能力计划、第七章车间作业计划与控制、第八章项目进度计划与控制、第九章精益生产。

本书的特点是：

（1）内容系统全面。本书按照企业生产的一般规律，介绍了企业在生产规划和计划控制工作中的决策层次（如从需求预测到生产计划到能力计划等），各章节间前后连贯，将生产管理活动有机地组织在一起，具有较强的逻辑性。

（2）对生产计划和控制过程进行了阐述。本书介绍了生产能力计划、生产车间作业计划与控制和项目进度计划控制，列出了不同环境下生产能力的计算方法、能力计划的编制步骤以及生产作业的控制过程。

（3）对生产系统的改进方法进行了论述。本书介绍了近年来先进的制造技术及先进的管理模式，如精益生产方式、最优生产技术、计算机集成制造技术和业务流程再造等。

在本书的编写过程中，引用和参考了许多专家和学者的研究成果，在此一并表示感谢。

鉴于本书涉及的知识较为广泛，且编者水平有限，书中难免出现不足之处，恳请广大读者批评指正。

广西大学 官倩宁
2021 年 1 月

目　录

第一章

概　论

学习目标

通过本章的学习，对生产与生产系统、生产管理的概念有一定理解；了解生产管理的发展历程以及生产的类型和方式，清楚生产计划与控制的大致研究范畴和学习内容。

第一节　生产与生产系统

一、生产概述

生产是指在特定的技术条件下，通过将人的劳动作用、劳动对象和劳动资料结合在一起，生产满足人们需要的各种物品或者服务的过程。广义的生产不仅指产品的制造活动，还包括了医院、银行等服务业的活动，狭义的生产则一般是指各种产品的制造活动。其中，劳动、土地和资本是生产的主要要素。"劳动"即指各种不同工作性质的人，如电工、秘书、医生等所提供的劳务；"土地"泛指地上和地下的一切自然资源，如矿石、石油、树木等；"资本"则是指生产出来的生产要素，并且能够用于进一步生产的物品，如工具、机器等。

二、生产系统

（一）生产系统的认识

生产系统是由人和机器构成的，内部形成紧密联系而又相互作用，能将一定的输入转化为特定输出的有机整体。生产系统的输出狭义上指各种有形的产品，而广义上则包括了服务，如咨询中心的咨询服务等。生产系统的基本功能是生产，使原材料和零部件等经过一系列的加工、组装等，从而变成具有更高价值的产品，此外，生产系统还要能够适应环境并且符合其自身发展的需要。

生产系统通过控制物料流、信息流和资金流来控制生产过程的各个环节的运行。资金流伴随着物料流而流动，而物料和资金能够顺利流动的前提是信息的顺利流动以及准确。比如采购的提前期，生产的提前期，需要物料的数量、品种、规格等，都是通过生产系统信息的流动来指导生产过程中物料的流动，信息流一旦发生阻塞或者错误，会导致生产延误甚至停产，从而使企业遭受利润的损失和顾客的流失。因此，生产系统的生产过程必须要确保信息的顺畅流动及准确性。

生产系统的一般模式图，如图 1-1 所示。

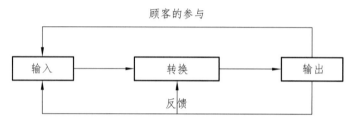

图 1-1　生产系统的一般模式

图 1-1 中所示的生产系统为反馈控制系统，主要的流程是物料的输入、转换和输出，在将产品或服务输出阶段通过将问题反馈给转换过程和输入阶段，循环进行生产控制和优化。同时在产品或服务输出后，通过收集顾客反馈的意见来进一步调整输入，以满足顾客下一步的需求。

（二）生产系统的评价

生产系统的设计是否合理，系统的运行管理是否有效，可以通过该生产系统的组织结构和生产过程的运行效果好坏来体现。一般可以采用以下五个指标来对生产系统进行评价。

1. 生产过程的连续性

生产过程的连续性指空间和时间上的连续性。空间上的连续性是指生产过程的各个环节包括设施设备等，在空间上的布局要合理有序，避免迂回和不必要的搬运，减少劳耗。时间上的连续性是指各道工序任务在时间上要安排得紧密衔接，避免出现等待和重叠现象，在一定程度上能够最大效率地利用机器设备进行生产加工。

2. 生产过程的平行性

生产过程的平行性指实现平行交叉作业的能力。平行交叉作业的能力越强，批量加工的等待时间就越少，生产周期也越短。

3. 生产系统的柔性

生产系统的柔性指在生产组织形式基本不变的条件下，同一组设备和工人能够适应加工不同产品的生产能力。生产系统要能够应对订单的变化，响应用户的不同需求，其应对能力越强和响应速度越快，则生产系统的柔性越高。

4. 生产过程运行均衡性

生产过程运行的均衡性是指在同等的时间间隔内完成大致相等的任务量，避免前松后紧、忙闲不均等不合理现象，保证生产过程的正常运行。

5. 生产系统构成的比例性

生产系统构成的比例性指生产各环节的能力分配要合理，设备和机器的数量及规格要满足生产任务的需求，同时不要出现设备闲置现象。

第二节　生产管理

生产管理（Production Management）是对企业的生产子系统的运行进行合理的、科学的管理，对其进行组织、计划和控制。生产管理是计划、组织、控制生产活动的综合性管理活动，在指导生产、管理生产上具有重要意义。其主要内容包括生产计划、生产组织以及生产控制。通过合理组织生产过程，有效利用生产资源，经济合理地进行生产活动，以达到预期的生产目标。

随着信息化技术的不断发展及管理水平的不断提高，生产管理信息化已经成为一种趋势，同时也成为企业管理人员的共识。信息化生产管理现在已经成为制造企业生产管理的重要手段。掌握生产环节、生产速度、质量以及生产工人的工作绩效是主要内容，通过信息化技术可以大大提升制造企业的生产管理水平。还可以在生产现场应用更多的自动化设备，这些设备可以很大程度地提高生产效率，降低生产成本以及保证产品质量，在稳定生产的多个方面都做出巨大的贡献。

生产管理的组织流图通常用来表示企业的组织设计，例如制造类企业，生产管理部门负责生产控制、采购、制造、质量保证和设计，并且根据实际情况设立相关机构和安排岗位去执行。一般制造企业的组织流图都包括三项基本职能：营销、生产和财务，如图1-2所示，是某一制造企业的组织流图，通过它可以从宏观整体角度看到企业的组织结构等内容，是生产管理的重要组成部分。

生产管理的主要模块通常有计划管理、采购管理、制造管理、品质管理、效率管理、设备管理、库存管理、士气管理及精益生产管理九大模块，其下可以根据实际情况而细分出小模块，从而在复杂的生产经营活动中更好地进行管理。生产管理的任务是将上述管理模块应用到实际生产决策中，生产管理部门的常见行为活动如下表1-1所示。

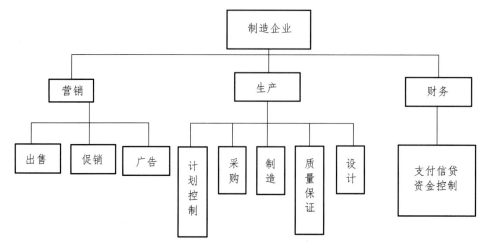

图 1-2　制造企业的组织流图

表 1-1　生产部门常见的行为活动

职能部门	行为活动
研究开发	产品研制与开发
产品设计	改进产品设计，提高生产效率
生产过程规划	选择设计生产工具、设备和工艺过程
基础设施建设	计划、建造和维修基础设施
物资采购	根据产品性能需求和客户需求等确定采购
工业工程	确定设备、生产空间、人员的有效利用方式以及工作定额
作业分析与管理	改进作业程序与方式、提高作业效率
生产计划与库存管理	安排生产作业，实施库存管理与控制
质量管理与控制	对生产过程的半成品、成品进行实时检查，确保满足质量要求
设备维护	对设备进行定期检查、管理和维护，保持系统的可靠性

第三节　生产管理的发展历程

生产管理是随着人类生产活动的产生而逐渐发展起来的，从古代开始，人类就有了巨大工程的管理经验，生产管理理论则是产生于 20 世纪初的科学管理运动。生产管理主要经历了科学管理、装配流水线、霍桑实验、管理科学、计算机的引入、日本制造商的贡献、全面质量管理和质量认证、敏捷竞争几个发展阶段。

1. 科学管理

20 世纪初，被誉为"科学管理之父"的美国工程师泰勒首先倡导科学管理运动，他将科学的定量分析方法引入到生产管理中并不断实践和研究，核心是希望提高工作效率。泰勒主要的管理方法有功能管理、资料管理和人事管理等。在这之前，企业的生产管理主要是通过经验管理进行，工人都是凭借长期的工作经验来操作设备，进行生产，传承方式也不是培训，而是依靠师傅带徒弟。泰勒的科学管理使生产管理摒弃了以往经验管理的传统方法，走上了科学管理的道路，至此生产管理进入了一个新的发展时期。在泰勒看来，提高生产效率的关键在于对每一项工作制订出完善的标准。泰勒通过方法研究，分析工人的操作，然后总结出工作经验，制订出高效率的标准工作方法，相应地使设备、工具、材料和工作环境等重要因素都一一标准化。通过实践研究，规定出按标准工作法完成单位工作量所需的时间和一个工人的合理工作量，然后将其作为安排工人工作、考核效率的主要标准。泰勒主张管理问题必须尽可能地运用科学的方法加以研究和解决，而不能仅仅凭经验办事，否则是不够准确的。

2. 装配流水线

1913 年，福特在自己的汽车工厂内安装了第一条汽车装配流水线，揭开了现代化流水线生产的序幕，自此流水线生产开始被各企业高管所关注，因其高效的生产效率，他们都开始慢慢接受这种新的生产方式。福特汽车公司在该装配流水线引入之前，一个工人完成一辆汽车底盘的装配需要 12.5 个小时，而装配线建成之后，由于采用专业分工和流水作业，每个底盘的平均装配时间缩短为 93 分钟，使生产效率得到质的提高。这项突破性技术同科学管理一起，是专业性分工研究的典例，放在今天仍然值得学习和研究。福特所创立的"产品标准化""作业单纯化"以及"移动装配法"的原理，在生产管理史上具有极为重要的意义。

3. 霍桑实验

20 世纪前半程，数学和统计学的发展对生产管理的发展起着关键作用，但霍桑实验却是一个例外。在 20 世纪 30 年代左右，社会心理学家梅奥领导了由哈佛工商管理研究生院组织的研究小组，在西屋电气公司的伊利诺伊州的霍桑工厂进行实验。实验的目的是研究一定的环境因素的改变对装配线工人效率的影响，主要的目的就是研究人的效率因素。研究结果表明：除了实物和技术条件外，工人动机对生产效率的影响是至关重要的。他们发现人的因素对于生产效率的提高是十分重要的，尊重工人比仅仅给他增加工资要重要得多。他们还发现，组织和社会对工人的尊重与关心是提高生产效率的重要影响因素。类似的发现对工作设计和激励理论的发展影响深远，从而促使后来的企业一般都建立了人力资源管理部门，拥有相应的工人奖罚制度。

4. 管理科学

早在 20 世纪初，就已经有一些定量分析的方法被提出和运用。如哈里斯于 1915 年就提出了第一个重要模型——库存管理的数学模型。这些模型一开始并未在工业上得到重视，也没有获得广泛应用。然而，第二次世界大战爆发后，人们开始发现这些模型的重要性，其优点慢慢就呈现在人们面前。战争期间，在研究战争物资的合理调配时，以定量的优化方法为主要内容的运筹学得到迅速发展，预测、库存管理、项目管理和生产管理中其他方面的决策模型也相继提出。战后，这些成果被广泛地应用于工厂生产制造等领域，使生产管理发展到一个新阶段。

20 世纪 50 年代至 60 年代初，针对工业工程和运筹学领域的研究，专家们开始专门研究生产管理中各种各样的问题。他们注意到生产系统面临的问题具有普遍性，还突出强调了排队论、仿真、线性规划的重要性，以期其能得到应用。在 20 世纪六七十年代，管理科学方法受到高度重视。在 20 世纪 80 年代，对这些方法的重视程度虽然有所下降，但是，随着个人计算机和用户满意软件在工作中的广泛应用，这些方法又重新受到了青睐。

5. 计算机的引入

20 世纪 70 年代的主要发展是计算机在生产管理中的广泛应用。在制造业中，一个重大突破是物料需求计划（Material Requirement Planning，MRP）被用于生产计划与控制，对制造企业的生产管理起到很大作用。MRP 通过计算机软件将企业的所有资源和部门联系在一起，进行统筹兼顾，共同完成产品制造的各项任务安排和调控。这项技术把结构复杂的产品的全部零部件等资源进行统一管理，充分发挥整合效益。这样，生产计划人员就可以根据需求的变化及时性调整生产计划和库存水平。上万个零部件的计划变更需要处理大量数据，计算机的应用正好完美地解决了这个问题。慢慢地 MRP进一步发展成为制造资源计划（Manufacturing Resource Planning，MRPⅡ）。MRPⅡ技术已不仅仅局限于生产管理，它的管理范围更加广泛，管理的内容也更加丰富，其意义在于人们已经可以利用计算机技术把生产、营销和财务三大职能管理的信息集成在一起，然后进行集成管理。

6. 日本制造商的贡献

20 世纪 50 年代左右，丰田汽车公司的丰田英二和他的伙伴大野耐一进行了一系列的有关管理方法探索和实验，根据日本的国情，提出了解决一些相关问题的方法。经过 30 多年的研究和实践，终于形成了完整的丰田生产方式。丰田生产方式是日本工业竞争战略的重要组成部分，它反映了日本在大批量重复生产过程中先进的管理思想。丰田生产方式的指导思想是：通过对生产过程的整体优化，应用改进技术，理顺物流，消除无效劳动与浪费，有效利用资源，降低成本，改善质量，达到用最低的成本投入去实现最大产出的目的。丰田生产方式在 20 世纪 80 年代被命名为精益生产。

7. 全面质量管理和质量认证

全面质量管理（Total Quality Management，TQM）无论在生产管理领域还是在管理实践方面都得到了巨大的发展，发挥着它独特的作用。尽管在 20 世纪 80 年代，很多公司都在应用 TQM，但是其并没有真正意义上被广为接受，直到 90 年代 TQM 才慢慢体现出优势，进而得到了真正的普及、发展和应用。几乎所有的生产经理都开始意识到质量管理专家们提出的质量管理理论是如此重要，这些质量管理专家中最典型的包括戴明、朱兰、费根鲍姆、克罗士比和石川及田口等。

8. 敏捷竞争

制造业自动化和信息技术以及通信技术的迅速发展，促使市场和企业日益开放，目前世界贸易组织（WTO）的成员已有 164 个。这些成员同意开放各自的经济，减少关税和补贴，扩大知识产权保护，世界范围内的企业间竞争愈演愈烈。

敏捷竞争是企业战略决策的指导思想，为管理者们指明了企业今后存活和获取利润的主要途径。它是属于企业战略目标层次的概念，在敏捷竞争的总名称下，其作用将体现在企业的各个方面。在营销方面，以个性化的产品和服务去满足大量用户的不同需求，即追求个性化需求；在生产方面，具备按任意批量和合理需求去提供产品和服务组合的能力，尽力地满足用户的需求；在生产技术方面，有柔性制造系统，借以满足大量客户化的要求；在设计方面，形成将供、产、销全过程和报废处理过程的信息集成化的整体设计系统，应用并行设计等多种方法；在管理方面，从内部管理为重点扩展到企业和用户之间的合作管理为重点，出现供应链管理、核心能力管理的概念，形成对整个供应链系统的流程管理思想；在人员方面，各类有不同技能的人员组成的专业小组将会发挥重要作用，对企业的创新发展具有重大意义。

第四节　生产类型与生产方式

一、生产类型

企业依据其自身性质、生产的产品类型和设备、人力、资源等配置确定生产类型和生产方式。生产类型一般可分为以下几种。

（1）按库存生产和订货型生产。按库存生产是指在对市场需求进行预测的基础上，有计划地进行生产。其主要特点是，在接到顾客订单之前就已经完成一定的产量，即拥有一定的库存，接到顾客的订单后就可以直接发货。因此，备货型生产的产品一般是定型产品，如电视、冰箱等。订货型生产是指在用户提出具体的订货要求后，才开始组织生产，如造船、建筑等。订货型生产又可以分为按订单组装、按订单生产和按订单设计。

（2）连续生产和间断生产。连续生产指物料按一定工艺路线连续均匀地流动，经过不同机器设备的连续加工，最后变成产品的生产过程。连续生产的各个生产环节、工艺流程和生产设备的顺序都是固定的，如冶金、采油作业等。间断生产则是指输入生产过程的各种要素是间断投入的。间断生产的特点是：零件加工彼此独立，需经过装配和总装，协作关系复杂，管理难度大等。比如机车、机床的制造等。

（3）大量生产、成批生产和单件生产。这三种生产类型的专业化程度一般是从高到低，大量生产的产品一般比较容易生产且价值较低，单件生产的产品则相反。成批生产按批量的大小又可分为大批、中批和小批生产。

一般情况下，大量大批生产产品的品种单一，每个品种的产量大，工作的专业化程度很高，因而具有生产稳定、成本低、效率高、管理工作简单等特点。但也存在着投资大、灵活性和适应性差等特点，遇到突发情况一般需要付出较大的成本以应对。大量大批生产管理的重点主要是做好生产线平衡、材料管理、质量控制以及设备维修等工作。单件小批生产产品品种繁多，生产重复程度低，工作的专业化程度低，因而生产能力利用率低，生产稳定性差、效率低、成本高、管理工作复杂。因此，单件小批生产管理主要做好作业准备、作业分配、作业进度计划和进度调整等工作，解决生产的瓶颈，以尽量缩短产品生产周期。可以通过减少零件变化和提高生产系统柔性来达到缩短产品生产周期的目的。中批生产的特点则介于二者之间。中批生产的管理重点是合理安排批量，做好质量控制和成本控制。

二、其他生产方式

还有一种 OEM 生产方式。OEM（Original Equipment Manufacture）生产即贴牌生产，也称定牌生产，是指拥有品牌优势的企业将自己的产品委托其他同类企业生产的一种生产方式。其目的是降低成本，缩短运输距离，抢占市场。在生产过程中，品牌优势企业还向被委托企业提供产品的设计参数和设备的支持等，以满足对产品质量、规格等方面的要求。生产出产品后委托企业即可将其低价买断并贴上自己品牌商标出售。

第五节　生产计划与控制的范畴

生产计划是指生产制造企业对所有的作业任务进行合理安排，保证生产任务顺利完成的完成，对生产产品的品种、数量、质量、计划期等做出合理安排。生产计划是企业进行生产运作管理的重要指导，是企业实施经营计划、完成经营目标的重要组成部分，其不仅是企业实现经营目标的重要手段，还是进行企业生产活动计划组织和指导的重要依据。企业在制定生产计划时不仅要考虑生产的物品，还要考虑它的生产组织和生产形式。生产计划的合理安排有助于生产组织的改进。

一、长期生产计划

长期生产计划属于企业的战略性计划，不仅是企业中长期发展规划的一个重要组成部分，还是企业生产运作的长远规划。它的内容主要有企业长期生产能力、厂址选择、设施布置、产品发展计划、作业系统设计等，由企业最高层制订。

长期生产计划的主要任务是根据企业经营发展战略的要求，对有关产品的发展规模、技术发展水平、生产能力水平、新设施的建造、生产组织结构改革以及确定竞争优势等方面做出规划与决策，并以此为依据确定经营计划。

长期生产计划要与同期的销售计划与资金需求相互协调，因此制订时要与财务、生产和销售综合分析。长期生产计划制订时间一般为 5 年或更长时间，而且每年要进行滚动修改。

二、中期生产计划

中期生产计划是企业的战术性计划。中期生产计划也叫作生产计划大纲或综合生产计划，计划期一般为一年，故也叫作年度生产计划，由企业的中层管理部门制订。中期生产计划是依据企业的总体经营目标和利润计划、销售计划的要求，确定在现有的资源环境中实现的企业生产目标，比如品种种类、品种产量、质量、产值、利润、交货期等，具体体现在生产计划、能力计划和综合生产计划、物料需求计划等。

中期生产计划主要任务是依据产品的市场预测和顾客订货订单量，规定企业年度的生产计划，规定一年左右时间内各月对生产总值的需求，其主要作用是寻找每个月的人力水平、工作时间和库存水平以及外协数量，并对其最佳组合做出统筹安排。

三、短期生产计划

短期生产计划是企业综合生产计划的深化和具体体现，是由各个生产执行部门编制的作业计划。短期生产计划的任务主要是根据用户的订单，合理安排生产活动的每一个环节，使之紧密衔接，确保按用户要求的质量、数量和交货期交付产品。常以主生产计划、物料需求计划、生产作业计划、车间作业计划等来表示。

（一）主生产计划

主生产计划（MPS，Master Production Schedule）是把综合计划具体化为可操作的实施计划，主要是确定每一具体产品在每一具体时间段内的生产数量，包括进行商品出产进度安排。对于一般的加工装配企业来说，它是生产计划系统的核心，是所有的短期活动，包括材料采购、零部件外协制造和装配等活动。主生产计划的计划期单位一般为季度或月度，因此一些企业称之为季、月投入产出计划。主生产计划是确定每种产品在每个具体时间的生产计划，计划的对象一般为产品，也可能是各种组件，然后根据需要进行装配。主生产计划的进行需要用能力计划进行平衡，此外还是物料需求计划、生产作业计划、采购计划等编制的依据。

（二）物料需求计划

主生产计划确定的是最终产品，每一个产品可能需要很多的零件，单个零件的提前期不尽相同，这就需要 MRP 来保证主生产计划规定的最终产品所需全部物料及其他资源及时供应。

MRP 是分解 MPS 中最终产品或项目，确定各零部件制造和采购的数量、提前期、计划期、完工日期等。物料需求计划是依据产品结构表来确定需求物料、提前期，计划投入量、计划产出量、预计库存量等问题。依据包括：① 要生产什么，生产多少；② 用到什么物料；③ 现在有什么；④ 还缺少什么，缺多少。

（三）生产作业计划

生产作业计划是生产计划的具体体现，是生产计划的继续和深化。生产作业计划主要根据各零部件的生产计划，具体规定每种零件计划期、投入量、产出量、产量以及加工过程中每台设备上零件的加工顺序。在时间上，把综合生产计划的计划年具体化到季、月、周天、每个工作班的任务；在对象上，由最终产品生产任务具体化到每种生产产品的零件和部件的生产，它把企业任务细分到每个加工车间、班组等企业工作的所有地方。

第六节　生产管理新趋势

一、绿色生产

绿色生产也叫作"清洁生产"战略。"清洁生产"谋求合理利用资源、减少整个工业活动给人类和环境带来的风险，是经济可持续发展的有效途径，力求向社会和市场提供绿色环保型产品。

二、精益生产

精益生产方式是一种多品种、小批量且追求精良、高效益、低成本的生产方式。

在生产过程中追求零浪费，实行全面的质量管理，达到零不良。

三、计算机集成制造

计算机集成制造（Computer Integrated Manufacturing，CIM）是通过计算机辅助制造系统，对产品的市场分析、产品设计、加工制造方法、采购、销售及售后服务进行统一考虑来提高企业的竞争力和经济效益。

四、最优生产技术

最优生产技术是分清主次，抓住关键环节，集中精力优先解决主要矛盾的生产计划方式。它由以色列物理学家、企业管理顾问戈德拉特于 20 世纪提出。最初被称为"最优生产时间表"，在 20 世纪 80 年代改称最优生产技术。在应用最优生产技术编制生产计划过程中，首先应编制产品关键件的生产计划，在确认关键件的生产进度的前提下，再编制非关键件的生产计划。

五、智能制造

智能制造是指具有高度协同、集成制造的系统。它能针对制造情况的各种问题做到实时响应，来满足不同制造企业、客户需求的多样性。智能制造依靠新一代信息通信技术与先进制造技术深度融合，贯穿于产品设计、生产、质量管理、售后服务等与制造活动相关的每个过程，它是具有自我识别、自我学习、自我决策、主动执行、主动适应等功能的新型生产方式。

本章小结

1. 广义的生产包括了医院、银行等服务业的活动，狭义的生产则一般是指各种产品的制造活动。

2. 对生产系统进行评价的五个指标：生产过程的连续性、生产过程的平行性、生产系统的柔性、生产系统构成的比例性、生产过程运行均衡性。

3. 生产计划是企业对生产任务做出统筹安排，具体拟定生产产品的品种、数量、质量和进度的计划。它是企业经营计划的重要组成部分，是企业进行生产管理的重要依据。

思考与习题

1. 如何理解生产系统的概念？
2. 简述生产管理的发展历程。
3. 未来生产管理的发展趋势有哪些？
4. 如何理解生产计划与控制的范畴？
5. 什么是主生产计划和物料需求计划？二者之间有什么关系和区别？

第二章

生产与运作战略管理

通过本章的内容，熟悉生产运作管理、生产运作战略的内容，了解制定与实施生产运作战略的方法步骤，了解生产与战略管理在企业生产经营中的作用和地位。

生产活动是人类的基本活动，生产活动的有序进行离不开生产管理。生产运作管理对生产活动的计划、组织和控制具有重要指导意义。早期的生产运作管理并没有从战略的层次考虑生产运作的问题，如今，战略对企业经营管理的宏观指导作用逐渐受到重视，战略开始纳入生产运作管理。

第一节　生产运作管理概述

一、生产运作管理的概念

生产运作是一个信息采集、加工、转化和传递的过程，是技术、人员的综合集成。生产运作管理实际上是对生产系统的设计、运行与维护、评价和改进过程的管理，包括对生产运作活动的计划、组织和控制。它是管理的一个职能领域，是价值增值的过程，是一个组织向社会提供有用产品的过程。

系统是生产运作发生的地方，研究生产运作管理就要研究其发生所在的生产运作系统。生产运作系统的构成要素分为硬件要素和软件要素，其中硬件要素包括生产设施设备、生产技术、生产能力的集成等，是构成生产运作系统框架的物质基础；软件要素是指人员组织、生产计划、生产库存、质量管理等，是生产运作系统中支持和控制运行的要素。生产运作管理的实质是对生产运作系统的规划和设计，对其运行进行管理控制（见图 2-1）。

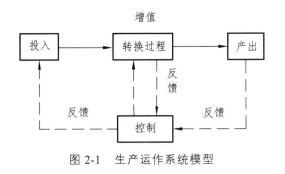

图 2-1　生产运作系统模型

二、生产运作管理在企业中的地位和作用

生产运作、销售和财务是企业的三项最基本职能，这三项职能分别完成不同的任务，又相互作用和影响，它们相互配合或进行团队协作以实现企业的各计划和目标，因此每个职能都发挥着不可或缺的重要作用。生产运作管理的重要性在于以适当的时间和适当的方式提供满意的客户服务，提高客户满意度和市场竞争优势，从而获取最佳收益，这正是企业所追求的基本目标。

三、生产运作管理的任务和目标

（一）生产运作管理的任务

生产运作管理的基本任务是：在计划期内，以适当的时间，适当的产品质量，最低的产品成本，快速、及时、准确地生产必要数量的产品，满足社会需要。

（二）生产运作管理的目标

生产运作管理的目标可以概括为：高效、灵活、准时、清洁地生产合格产品和提供满意的客户服务。

（1）高效效率是企业生产运营的一个重要衡量指标，它直接影响到企业的效益水平，效率即生产投入和产出比。高效是指以最少的劳动消耗（财力、物力、人力、时间），迅速地生产客户需要的产品和提供优质的服务。低消耗才能低成本，才能以较少的成本投入获取更高的效益。

（2）灵活是指应对各种突发事件的处理能力，能对客户的需求变化快速做出反应，生产多品种产品、开发和设计新的产品以达到客户期望。

（3）准时是按照顾客规定的时间提供其需要产品，并确保数量、质量、类型的准确性。

（4）清洁是指在产品生产、使用和报废处理过程中对环境的污染最小，符合绿色生产的理念。

（5）合格产品指质量符合要求。

四、生产运作管理的发展趋势

随着科技的发展，尤其是信息技术的进步，企业的生产经营方式发生了巨大的变化，产品的技术和知识密集程度不断提高，市场范围的扩张、需求的多样化和个性化推动生产运作管理新趋势产生。

1. 管理范围扩大化

传统的生产管理通过有效组织各种生产要素，形成有机整体，用尽可能低成本的方式生产廉价优质产品满足社会需要，强调的是企业内部生产管理，发挥的是组织、计划、控制的职能。现代生产运作管理扩展到供应链的范围，把生产运作战略、产品设计、新产品开发、采购供应、生产制造、产品配送、售后服务看作一个完整的"价值链"，对其进行综合管理，其管理范围从传统的生产线管理扩大到生产运作战略制定、生产运作系统设计及运行等多个层次的内容。

2. 多品种小批量混合生产方式成为主流

为适应市场需求多样化、多变化的发展趋势，多品种小批量混合生产方式成为主流，个性化定制的顾客需求要求企业寻求小批量生产成本降低的方法。

3. 生产制造柔性化

在工业时期是卖方市场，企业采用标准化、专业化、大批量流水线生产方式，如今随着消费观念的转变，买方占据更多的主导权，企业要根据客户需要建立柔性生产体系，以随时调整产品品种、款式和生产批量，以满足多样化的市场。

4. 生产经营一体化

随着各国、各行业及企业间的竞争愈演愈烈，管理高度集成化、生产经营一体化已经成为企业的迫切要求，这也是生产运作管理学的重要研究课题。

5. 产品设计智能化

传统的产品设计主要由专业人员用手工进行。计算机技术的应用使得产品设计和生产更加高效和高质，先进的计算机辅助设计系统自动模拟、自动绘制、自动计算的功能，与其易修改、易控制，并能与设备直接控制生产过程的特点，帮助实现设计与生产同步，从而缩短产品的整个生命周期。

6. 生产计划精确

传统生产作业计划的编制方法使用的是累计编号法和提前法，编制的计划比较粗略，零部件的库存量较大。近几年，人们相继开发出 MRP 的软件系统和 JIT（Just In Time，准时生产）的生产系统，对库存状态数据引入时间分段概念，使生产计划的制订更加精确。

7. 生产过程最优化

为保证生产的正常进行，传统的生产过程往往存有较多量的库存，由于技术的限制，制造中会有一定的废品，使得生产成本较高。现代生产管理则以"零"为目标，通过准确计算生产需求、优化生产过程、整合利用生产资源，实现"零"库存、"零"浪费。

8. 追求"绿色"生产

自工业革命以来，随着工业的发展，可利用的自然资源急剧减少，生态环境遭到严重破坏。人类需要从高消耗、高污染的生产方式转向新能源、低浪费的绿色生产方式，以科学技术实现产业变革，实现可持续发展，维护生态平衡。

第二节　生产运作竞争要素及竞争战略

一、生产运作系统的竞争要素

（一）生产运作系统的基本竞争要素

学术界认为生产运作系统的基本竞争重点主要有成本、质量、时间、柔性、交货速度和可靠性、以及其他与特定产品有关的标准。根据企业所处的环境、生产运作组织方式和所提供产品等特点，将这些竞争重点分为四个主要要素。

1. 成本

通常企业在生产制造过程中追求低成本化，以低价格形成产品的竞争优势，得以在市场上提高竞争力。如果成本过高，会因为利润微薄而失去竞争优势。对多数企业来说，运作成本占总成本的很大比重，企业如果要降低总成本，首先要着手于降低运作成本。

2. 质量

生产过程的质量在企业整体质量占据主导地位，要把握好生产过程质量管理，生产令顾客满意的产品。对于制造业而言，高质量的生产过程可以生产出顾客满意的产品。为了满足顾客的质量要求，全面质量管理、零缺陷质量管理等先进的管理方法在生产运作中得到广泛的应用。

3. 时间

当今企业间的竞争早已从传统的成本、质量方面的竞争转向时间上的竞争，因为单靠前两者的竞争已经不足以使企业之间拉开距离。时间上的竞争包括三方面：

（1）快速交货，指从收到订单到交货的时间要短。对于制造业来说，可用库存货和留有余地的生产能力来缩短交货时间。

（2）准时交货，指在顾客需要的时候交货，避免过早或推迟交货而产生不必要的问题。

（3）新产品的开发速度，它包括从新产品方案产生到生产出新产品所需要的全部时间。谁的产品先投放市场，谁就能在市场上获得主动权。

4. 柔性

柔性指应对外界变化的能力，其包括两方面：品种柔性，指生产某种产品快速转变到生产另种产品的能力；产量柔性，指快速增加或减少生产数量的能力。

（二）企业重点竞争要素的确定

生产运作系统的竞争能力离不开重点竞争要素。选择竞争重点，首先需要对不同竞争要素之间的相悖与折中关系进行分析。企业可将其成本、质量及柔性要素进行同时改进。例如减少下脚料和返修品可以降低成本，同时可以提高生产率和缩短生产周期；改进产品质量可促进销售，进一步扩大生产批量，然后降低单位成本。此时不同竞争要素之间没有矛盾，反而可以相互促进。但是，在大多数情况下，企业生产运作系统不可能同时满足所有的运作标准，在某一要素上的偏重往往会给其他方面带来相反的影响。例如，追求高质量的、顾客化的产品或服务会增加成本，批量生产降低单位成本的同时也会降低系统的柔性等。

基于以上，管理者必须认识到不同竞争要素之间存在的这种相悖关系，运用权衡的观点，对所有影响因素进行综合分析，确定哪些要素是企业生产运作系统成功的关键参数，然后集中企业资源去实现。因此，需要经常地、周期性地审视外界环境的变化，确定竞争重点的优先顺序。

二、生产运作竞争战略

所谓生产运作竞争战略，实际上也就是企业的生产系统如何运用生产资源获取企业的竞争优势的战略。生产运作战略指出生产运作系统是企业的竞争之本，强调具备了生产运作系统的竞争优势才能获取产品的优势，进而获取企业的优势。生产运作战略理论的追求目标是获取竞争及其优势。企业根据所处的市场环境和产品、生产组织特征等自身特点来选择竞争重点。根据前面所分析的企业生产系统的重点竞争要素，生产运作系统的竞争战略主要有以下几种：

（一）基于成本竞争的生产运作战略

基于成本竞争的生产运作战略，是指企业为赢得竞争优势，以降低成本为目标，通过发挥生产运作系统的规模经济与范围经济优势，以及实行设计和生产的标准化，使得产品（服务）的成本大大低于竞争对手的同类产品（服务），从而获得价格竞争优势的一系列决策规划、程序与方法。

降低成本的途径有多种，其中最主要的措施是采用大量生产方式或者采用自动化程度更高的设备，这两种方法需要较昂贵的投资。在多数情况下，企业可以通过工作方式的改变排除各种浪费来实现成本的降低，例如，成组生产技术进行库存控制等。

（二）基于质量竞争的生产运作战略

基于质量竞争的生产运作战略，是指企业以提高顾客满意度为目标，以质量为中心，将质量管理贯穿于企业的各个阶段，不仅最终向顾客提供产品或劳务，还要抓相关的过程，如设计、生产及售后服务，通过制订质量方针目标与质量计划、建立健全质量管理体系、实施质量控制等活动，提高其产品和服务质量，从而获取持续的质量竞争优势的一系列决策规划、程序与方法。

（三）基于时间竞争的生产运作战略

基于时间竞争的生产运作战略，是指企业以快速响应顾客需求为目标，运用敏捷制造和并行工程等现代管理方法，缩短产品开发、制造、销售和运输时间。基于时间的战略将重点放在减少完成各项活动的时间上，把时间转化为一种关键的竞争优势来源，通过缩短产品开发周期和制造周期来提高对市场需求的反应速度。减少时间，降低成本，提高生产率和质量，提高顾客满意度。

（四）基于柔性竞争的生产运作战略

前面讲到柔性是对变化的响应性。及时满足客户个性化需求日益成为企业竞争力的一个标准，所以企业提高运作柔性能力建立在对客户需求和市场变化的应对机制基础上。基于柔性的生产运作战略，是指企业面对复杂多变的内外环境，以满足顾客多品种中小批量需求为目标，综合运用现代信息技术与生产技术，通过企业资源的系统整合，来增强企业生产运作系统柔性和提高企业适应市场变化能力的一系列决策规划、程序与方法。

从工艺流程、人、设备、物资供应、组织管理方式方面着手改善生产运作系统的柔性能力，柔性制造系统、成组生产、大规模定制生产模式等有助于企业的生产运作系统柔性竞争战略的实现。

三、新时期企业生产运作战略趋势

处于不同的竞争环境中，企业的生产运作战略也有所不同。

以欧、美、日为代表的竞争活跃国家和地区的企业，其生产运作战略的发展体现如下趋势：

（1）由高质量、高功能转变为强调交货及时。高质量、高功能正在弱化，快速交货能力成为重要因素。

（2）由强调硬件构成要素转变为强调软性要素。技术的作用日益下降，开始重点强调管理的软技术（基于人力资源导向的管理），跨部门合作以及跨业务、跨部门的信息集成与信息支持。

（3）生产运作管理由强调内向转变为强调外向。生产运作管理的职能与范围发生了深刻的变化，开始强调顾客创造价值为导向，并将供应商与顾客纳入生产运作管理的范畴。

以韩国、澳大利亚为代表的国家以及中国台湾为代表的地区的竞争欠活跃的企业仍将质量作为企业形成竞争优势的第一要素，而交货能力作为第二要素。其特点主要表现在以下几个方面：

（1）优先强调质量，其次强调交货。

（2）生产运作管理强调内向。

（3）开始注意以人为导向，关注外向与软性要素。

第三节　生产运作战略的制定及实施

一、生产战略的环境分析

生产战略管理首先要做的是生产战略环境分析。生产战略环境分析是指对企业生产运营有影响的包括现在和未来所有的生存和发展的一些关键因素进行分析（见表2-1）。

二、生产运作战略的制定

生产运作战略的制定主要是依据企业外部环境、产业环境和内部环境分析的结果来确定企业的经营宗旨，然后为生产战略的实施制定目标和计划，并为生产战略选择一套可执行的方案。

表 2-1　SWTO 分析

外部	内部	
	S-优势	W-劣势
O-机会	OS-机会优势战略（增长型战略） （1）大幅增加研发投资，实现高端产品差异化，增强中低端产品核心技术竞争力； （2）加强内部咨询，提高产品质量，降低内部成本； （3）扩大产能，摊低成本，增加固定资产	OW-机会劣势战略（扭转型战略） （1）大幅增加研发投资，实现高端产品差异化，增强中低端产品核心技术竞争力； （2）加强内部咨询，提高产品质量，降低内部成本； （3）在保证合理库存的前提下适时扩大产能，摊低成本
T-威胁	TS-威胁优势战略（多种经营战略） （1）适度增加研发投资，维持高低端产品的相对技术竞争力，维持相对产品质量； （2）加强内部咨询，提高产品质量，降低内部成本； （3）适时扩大产能，在满足市场需求的同时，摊低成本	TW-威胁劣势战略（防御型战略） （1）稳定研发投资，维持产品质量； （2）加强内部咨询，稳定产品质量，降低成本； （3）在保证公司正常运营的前提下，适时扩大产能，摊低成本

美国哈佛商学院教授迈克尔·波特认为，企业获得竞争优势，有 3 种可供选择的企业竞争战略：总成本领先战略、差异化战略、聚焦战略。波特认为，这些战略类型的最终目标是使企业在产业竞争中"高人一等"。

1. 总成本领先战略

成本领先要求企业投入高效的生产设备，全力以赴减少生产成本。为了达到上述目标，企业的管理者应高度重视成本管理。虽然产品质量是产品的核心因素，同时服务水准和其他因素也参与企业的竞争，但该策略的核心是要确保通过总成本比竞争对手低赢得竞争优势，才能赢得相对市场份额或其他优势。最低的总成本优势地位通常要求企业有更高的市场份额，企业和原材料供应商建立一个可靠的关系，产品设计需要考虑易于制造、生产，企业维持一个较宽的产品线，可有效分散固定成本，进行大规模生产等。整体成本领先使企业获得很强的竞争力，而企业一旦赢得这样一个领先地位，会得到更高的边际利润，可使企业投资更多的设备和设施，进一步巩固其领先的成本优势。这种再投资往往是保持低成本状态的先决条件。

2. 差异化战略

差异化战略是将产品或企业提供的服务在某方面实现差异化，建立起本企业特有的一些特性。实现差异化战略可以有多种方式，比如说设计品牌形象、拥有独一无二的技术、具有特殊的性能、提供特别的顾客服务、拥有专口的服务网络等。最理想的情况是公司可在几个方面实现"差异化"。一旦差异化战略获得成功，它可使企业获得较高利润，因为它能建立起"防御阵地"来对付五种竞争力量。虽然这种防御的形式与总成本领先有所不同，但是推行"差异化战略"有时会与争取更大的市场份额的目标相矛盾，所以企业对这种结果应该有一定的思想准备。一般情况下"差异化战略"目标与"市场占有率"的目标往往不能同时达到，差异化战略往往需要付出较大的成本代价。

3. 聚焦战略

聚焦战略一般适用于某个特定的顾客群、某条产品线的一小段或某一区域性市场。"总成本领先战略"与"差异化战略"都是为了在整个行业内实现企业的目标，而"聚焦战略"却是围绕某个特定的领域来展开竞争的，该战略指导下的每项活动都应围绕这一目标群体来展开。例如，劳斯莱斯品牌以超豪华的设计、独特的享受面对一个极其狭窄的"缝隙市场"提供产品和服务，是采用"聚焦战略"的一个典型。采用这一战略的前提是：公司业务的聚焦能够以较高的效率、更好的效果为某一专门领域服务，从而获得为众多顾客服务的竞争者所不具备的优势。采用"聚焦战略"的结果要么是公司通过满足特定群体的需求而实现差异化，要么是为特定群体提供服务时降低成本，或者可以二者兼得。这样，企业的赢利会超过平均赢利水平，企业也可以通过此优势抵御各种竞争力量的威胁。但是，"聚焦战略"常常意味着企业难以在整体市场上获得更大的市场份额，该战略包含着利润率与销售额之间不能同时提升的困境。

三、生产运作战略的实施

生产运作战略的实施要求企业首先建立年度目标，并进行合理的资源分配，并建立一种符合集团战略发展的企业文化和组织形式，为了实现运作的目标，需要各种运作策略（战术）的支持。运作策略由日常生产计划与控制手段组成，不同的运作竞争战略需要不同的支持。例如，基于质量的战略，在战术上就可好采用提高质量的策略，如开展全面质量管理、质量改善等；对于基于成本竞争的策略，则可采用减少成本的措施，如开展减少浪费活动、现场目标管理等。

制定生产运作战略并实施以后，需要对运作的效果进行评估，检讨各种决策与计划的落实情况，为制定下阶段的运作战略提供决策依据。企业竞争环境不断改变，运作的战略与策略需要随着时间与内外环境的变化而改变，并制定新的运作战略。大多数世界级的企业，都是通过持续不断的改善，从而最大限度地满足用户的要求，无论从事的是制造业还是服务业，他们都能时刻关注环境的变化，调整自己的运作战略并形成世界级的竞争优势。

本章小结

生产战略是一个企业发展的核心部分，通过本章的学习了解到生产运作的管理的概念和发展趋势，了解其在企业中发展的地位以及任务目标；了解生产运作战略的内容和竞争重点，了解企业如何制定和实施企业生产战略。

思考与习题

1. 简述生产运作管理的内容。
2. 简述生产运作管理的发展趋势。
3. 简述生产运作战略及其特点。
4. 简述生产运作战略对企业竞争的意义。
5. 生产运作战略的影响因素有哪些？
6. 简述生产运作战略中环境分析的内容，并说明它对企业的意义。
7. 若你是一个企业的管理者，说说你将如何制定和实施你们公司的运作战略。

需求预测

通过本章的学习，要求了解需求预测的含义和作用，掌握需求预测的步骤，了解需求预测的方法，学会运用加权平均法、移动平均法等进行需求预测。

需求预测是指根据企业的历史数据或经验，运用科学的分析方法对企业未来一段时间内的产品与服务需求数量，以及需求金额进行预测。需求预测作为企业决策的一种依据，是企业科学地计划生产任务，及时调整市场需求及变化经营策略，提高生产运作的效率和企业生产效益的重要基础。企业利用预测分析来发现消费者的行为模式、评估市场营销投资策略的有效性以及财务业绩。

第一节 需求预测概述

一、预测的含义

预测是以过去的资料数据，根据相关的知识经验，对未来一段时间内某种商品或服务的需求的估算、估计。预测有客观分析和主观判断之分，也可以是两种的结合。客观分析是运用数学方法对历史数据进行分析，其预测结果具有科学性和更高的可信度；主观判断是对搜集的信息进行判断分析，预测结果往往带有主观性。

二、预测的作用

企业生产运作系统的设计离不开预测，预测是企业产品经营方向、服务类型、生产流程以及生产设施选址等方面的决策依据。

预测为管理者计划使用系统提供指导作用，预测可以帮助管理者规划产品种类，计划投入的产品数量，以及规划设施设备的使用以实现计划目标。

企业的经营决策根据预测制定。准确有效的预测有助于企业及时掌握市场的变动情况、市场环境因素的变动趋势，为企业制定经营方针、明确资金投向、确定发展策略等重要决策提供依据和建议。

企业目标市场的确定以预测作为依据。确定企业的目标市场要在现有的市场占有情况下结合企业的发展趋势、竞争优势进行确定，还要对整个市场的大小、社会购买力以及同行业竞争对手发展变化趋势进行预测，才能确定目标市场。

预测对于提高企业竞争力和经营水平具有重要意义。企业要在生产经营上取得主动权，提高经济效益和总体竞争力，就要把控市场动态，按需调整生产，增强经营管理，加速资金周转。

三、需求预测的分类

1. 按预测的时间跨度分类

（1）短期预测。短期预测是指时间在 1 年以下的市场需求变化的预测，短期预测的时间跨度通常为几周或几个月，一般少于 3 个月，通常用于采购作业、工作任务分配等。

（2）中期预测。中期预测的时间跨度通常是 3 个月到 3 年，主要对市场需求因素变化进行预测，一般用于制订销售计划、物料需求计划、生产计划和预算、现金预算和分析不同作业方案。

（3）长期预测。长期预测是指对未来较长一段时间内的市场需求前景的预测，时间跨度一般为 3 年甚至 3 年以上。长期预测常用于设计新产品、资本规划、生产设备安装或添置、生产方式的转变，以及企业未来研究和发展方向。

2. 按照主客观因素在预测中所起的作用分类

（1）定性预测。定性预测法是由相关领域的专家和预测人员，根据历史资料数据，运用专业的知识和丰富的经验进行分析判断，所以又称判断预测法，对预测对象的发展变化趋势做出判断。

（2）定量预测。定量预测是客观的预测，预测人员分析收集的历史数据和现状统计资料，运用适当的数学统计方法对数据进行处理，发现预测目标的变化规律以及影响其变化的相关因素，从而对未来的发展变化趋势做出判断。具体如图 3-1 所示。

四、需求预测的一般步骤

（1）明确预测的对象和预测周期的长短。

（2）收集并分析所有可以利用的信息资料。

（3）选择预测方法。

（4）建立或选择适当的需求预测模型并进行预测。

（5）需求预测结果的修整和分析。

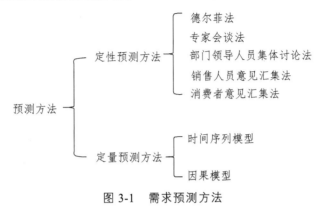

图 3-1　需求预测方法

第二节　需求预测方法

一、定性预测方法

（一）专家会议法

专家会议法通过召集预测对象所属领域的专家，让专家相互讨论，发表个人看法，根据相关知识和经验共同判断分析得出预测结果。由于预测依据主要来源于专家的知识和经验，所以要求参与预测的专家具有较丰富的专业知识和实践经验。这种方法的优点是可提供的信息量大，考虑的因素较具体，专家之间可以相互表达观点，交流不同意见，取长补短。缺点是一些专家可能会因为权威人士的不同意见，不愿意发表与之不同的看法。

（二）德尔菲法

德尔菲法也称"背靠背法"，即采用专家互相不见面或协商的匿名征询方式进行预测，其具体做法是主持人选定预测的目标（问题）和参与的预测专家（一般有 10～50 人），向各个专家说明所要预测的问题及相关要求，并附上与问题有关的所有背景材料及调查表，通过书信的方式寄给各位专家，然后由专家做书面答复。之后收集第一次答复进行汇总，对比后发给各个专家，专家据此修改完善自己的意见，如此反复多次，直到所有专家都不再改变自己的意见为止。最后对所有专家的最终答复进行综合处理，做出预测判断。德尔菲法的优点是消除了权威人士的影响因素，充分体现了不同意见，考虑的范围广；缺点是整个预测需要花费较长的时间，并且过程相对复杂。

（三）部门领导人员集体开会法

部门领导人员集体开会法即各部门领导以集体开会讨论的形式，根据各部门提出的问题、意见、预测值等进行综合，再按照一定的处理方法，如简单平均或加权平均，对所有单个的预测值进行处理，分析计算做出预测判断。

这种方法的优点是：① 无须收集统计资料；② 过程简单；③ 各个部门多方面分析问题。

这种方法的缺点是：① 预测结果主要根据各主管的主观意见得出，缺乏有力依据和严谨的科学性；② 预测结果会因人员间相互影响受到干扰；③ 集体开会需要占用各主管的宝贵时间；④ 没有明确预测结果的正确性的具体负责人；⑤ 预测结果可能较难用于实际目的。

（四）销售人员意见汇集法

销售人员意见汇集法主要根据销售人员的意见，或有关部门的交流意见对销售市场进行预测，所以又称基层意见法。企业收集汇总各地区的预测，进行综合分析处理后得到企业经营范围内的预测结果。

（五）消费者意见汇集法

消费者意见汇集法适用于对新产品或缺乏销售记载的产品的需求进行预测。销售人员通过对现有或潜在顾客进行调查，可以使用信函、电话或访问的方式，了解顾客对与本企业相关产品的看法及对新产品的期望，再结合本企业可能的市场占有率，然后对各种信息综合分析处理，得出预测结果。

二、定量预测方法

（一）时间序列模型

（1）算数平均数预测法。

算数平均法将过去的实际销售量的时间序列数据进行简单平均，把平均值作为下一期的预测值。当产品处于成熟期或其需求形态近似于平均形态，适合采用算数平均法。其基本公式如下：

$$\bar{y} = \frac{\sum_{t=1}^{n} x_t}{n} \tag{3-1}$$

式中：$\bar{y}$——算数平均数；

t——时间变量，表示时期序号；

n——时间序列的时期数，即数据的个数。

（2）加权平均法。

采用算数平均数进行预测时，并未考虑不同时期的数据对预测值的影响程度，而实际上这种影响是存在的。一般认为，近期数据比早期数据对预测结果的影响更大。当时间序列观察值的变化趋势为明显的增长（或下降）的情形，适合采用加权平均法。计算方法如下：

$$\bar{y} = \frac{\sum y_t w_t}{\sum y_i} \tag{3-2}$$

式中：$\bar{y}$——加权平均数；

y_i——第 i 期实际数据；

w_t——第 t 期实际数据给定的"权"数。

（3）移动平均预测法。

移动平均预测法是根据时间序列资料，每次取一定时期的数据进行平均，按时间次序逐次推进，每推进一定时期舍去前一定时期的数据，增加一定新时期的数据，再进行平均，以此反映时间序列长期趋势。

① 一次移动平均法。

时间序列数据单纯围绕某一水平做随机变动时，采用一次移动平均法，计算公式如下：

$$M_t^{(1)} = \frac{y_t + y_{t-1} + y_{t-2} + \cdots y_{t-N+1}}{N} \tag{3-3}$$

式中：$M_t^{(1)}$——第 t 时期的一次移动平均数；

y_t——第 t 时期的实际值；

N——计算移动平均数所选定的数据个数。

【例 3-1】已知某制造企业近 10 个月的生产量如表 3-1 所示，用一次移动平均法预测该企业在 11 月份的货物生产量。

表 3-1　近 10 个月的生产量

月份	1	2	3	4	5	6	7	8	9	10
生产量/万件	1.1	0.8	1.5	2.0	1.3	1.8	1.6	2.2	2.4	2.0
$M_t^{(1)}$（N=3）			1.1	1.4	1.6	1.7	1.6	1.9	2.1	2.2

解：取 N=3，按公式（3-3）计算出一次移动平均数，结果填入表 3-1。

$$M_3^{(1)} = \frac{y_3 + y_2 + y_{t1}}{3} = 1.1 \text{（万件）}$$

$$M_8^{(1)} = \frac{y_8 + y_7 + y_6}{3} = 1.9 \text{（万件）}$$

预测 11 月份该企业的产量为：

$$y_{10+1} = M_{10}^{(1)} 2.2 \text{（万件）}$$

一次移动平均法预测中，以本期移动平均值作为下一期的预测值，即 $\hat{y}_{t+1} = M_t^{(1)}$。当 $N=1$ 时，移动平均数就是实际的数据；当 N 等于全部数据的个数 n 时，移动平均数即为算数平均数。预测的数据受 N 值的影响，通常 N 越小，平滑作用越弱，新数据的反应越灵敏，N 越大，平滑作用越强，新数据的反应越不灵敏；N 的取值范围一般是 3 ~ 20。

② 二次移动平均法。

将一次移动平均法得到的数据经过再一次移动平均，即为二次移动平均数。计算公式如下：

$$M_t^{(2)} = \frac{M_t^{(1)} + M_{t-1}^{(1)} + \cdots + M_{t-M+1}^{(1)}}{N} = 1.1 \tag{3-4}$$

式中：$M_t^{(1)}$——第 t 时期的一次移动平均数；

$M_t^{(2)}$——第 t 时期数的二次移动平均数；

N——计算移动平均数所选定的数据的个数。

线性预测模型为：

$$\hat{y}_{t+T} = a_t + b_t T \tag{3-5}$$

式中：$\hat{y}_{t+T}$——$t+T$ 时期的预测值；

t——目前时期序号；

T——由目前时期 t 到预测时期 $t+T$ 的时间间隔；

a_t——线性模型的截距；

b_t——线性模型的斜率。

a_t、b_t 的计算公式为：

$$a_t = 2M_t^{(1)} - M_t^{(2)} \tag{3-6}$$

$$b_t = \frac{2}{N-1}\left(M_t^{(1)} - M_t^{(2)}\right) \tag{3-7}$$

【例 3-2】某电器公司统计了前 12 个月某种商品的销售量，如表 3-2 所示，预测第 15 个月的供货量。

表 3-2　电器公司商品供货量

月份	供货量/百件	$M_t^{(1)}$ （N=5）	$M_t^{(2)}$ （N=5）
1	45		
2	52		
3	60		
4	48		
5	52	51.4	
6	55	53.4	
7	58	54.6	
8	62	55.0	
9	64	58.2	54.52
10	67	61.2	56.48
11	69	64.0	58.60
12	73	67.0	61.08

解：根据观察到的数据变化趋势，时间序列数据并不是单纯围绕某一水平做随机变动，确定采用二次移动平均预测，移动数据个数取 N=5。计算出 $M_t^{(1)}$、$M_t^{(2)}$ 的值，填入表 3-2。

$$a_{12}=12\,M_{12}^{(1)} - M_{12}^{(2)}=2\times67-61.08=72.92$$

$$b_{12}=\frac{2}{N-1}\,(M_{12}^{(1)} - M_{12}^{(2)})=\frac{2}{N-1}\,(67-61.08)=2.96$$

$$\hat{y}_{12+3}=a_{12}+b_{12}\times3=72.92+2.96\times3=81.8$$

其中，$t+T$=15，则 T=3。

（4）指数平滑法。

① 一次指数平滑法。

加权移动平均法只考虑了最近的 n 个数据，指数平滑法则考虑了所有的历史数据。在指数平滑法中，近期实际数据的权重大，远期实际数据的权重小。当时间序列观察值的发展趋势围绕某一水平做随机跳动时，可采用一次指数平滑法。设时间序列为 y_1，y_2，…，y_t…，其公式为：

$$Sy_t=\alpha\,y_t+(1-\alpha)Sy_{t-1} \tag{3-8}$$

若用一次指数平滑平均值 Sy_t，作为 t=1 期的一次指数平滑预测值 SF_t，则一次指数平滑的预测公式为：

$$SF_{t+1}=\alpha\,y_t+(1-\alpha)SF_t \tag{3-9}$$

式中：SF_{t+1}——第（$t+1$）时期的一次指数平滑预测值；

α——加权系数，（$0 \leqslant \alpha < 1$）；

y_t——第 t 时期的实际观察数据。

公式（3-9）可以写成：

$$SF_{t+1} = SF_t + \alpha(y_t - SF_t) \qquad （3-10）$$

式（3-9）是一个递推公式，y_t 的权重为 α，SF_t 的权重为（$1-\alpha$）。将公式（3-9）展开得：

$$\begin{aligned}
SF_{t+1} &= \alpha y_t + (1-\alpha)[\alpha y_{t-1} + (1-\alpha)SF_{t-1}] \\
&= \alpha y_t + \alpha(1-\alpha)y_{t-1} + (1-\alpha)^2 SF_{t-1} \\
&= \alpha y_t + \alpha(1-\alpha)y_{t-1} + (1-\alpha)^2[\alpha y_{t-2} + (1-\alpha)SF_{t-2}] \\
&= \alpha y_t + \alpha(1-\alpha)y_{t-1} + \alpha(1-\alpha)^2 y_{t-2} + (1-\alpha)^3 SF_{t-2} \\
&\cdots\cdots \\
&= \alpha[(1-\alpha)^0 y_t + (1-\alpha)^1 y_{t-1} + (1-\alpha)^2 y_{t-2} + \cdots + (1-\alpha)^{t-1}y_1] + (1-\alpha)^t SF_1] \qquad （3-11）
\end{aligned}$$

由式（3-11）可知，越近期的数据权数越大，远期的数据权数逐渐递减，且权数之和等于 1。

② 二次指数平滑法。

当时间序列观察值的发展趋势包含某种线性持续增长或下降的趋势时，用一次指数平滑法来进行预测存在明显的偏差，此时则应采用二次指数平滑预测模型，二次指数平滑预测值的计算公式为：

$$F_{t+p} = Sy_t + (p) T_t \qquad （3-12）$$

式中：F_{t+p}——第 $t+p$ 期的二次指数平滑预测值；

　　　T_t——t 期平滑趋势值，T_0 事先给定；

　　　Sy_t——第 t 期平滑平均值，又称"基数"，Sy_0 事先给定。

Sy_t 可按公式（3-13）计算：

$$\begin{aligned}
Sy_t &= \alpha y_t + (1-\alpha)(Sy_{t-1} + T_{t-1}) \\
&= \alpha y_t + (1-\alpha)F_t \qquad （3-13）
\end{aligned}$$

T_t 可按公式（3-14）计算：

$$T_t = \beta(Sy_t - Sy_{t-1}) + (1-\beta)T_{t-1} \qquad （3-14）$$

式中，α 为平滑系数，β 为斜率偏差的平滑系数。

（二）因果模型

时间序列模型的做法虽然简单，但忽略了其他影响需求的因素，如政府部门公布的各种经济指数、地方政府的规划、广告的支出等。因果模型则通过对一些与需求（如卷笔刀）有关的先导指数（学生数）的计算，来对需求进行预测，有效地解决了其他因素对需求预测的影响。

下面介绍因果分析模型中的一元线性回顾模型预测法。

$$y_r = a + bx \qquad (3\text{-}15)$$

$$b = \frac{n\sum xy - \sum x \sum y}{n\sum x^2 - (\sum x)^2} \qquad (3\text{-}16)$$

$$b = \frac{\sum y - b\sum x}{n} \qquad (3\text{-}17)$$

式中：y_r——一元线性回归预测值；

a——截距；

b——斜率；

n——变量数；

x——自变量的取值；

y——因变量的取值。

本章小结

需求预测在企业生产运作管理中不可或缺，企业战略计划的制订、经济计划的制订、企业经营管理都需要以预测为依据，尤其需要以市场需求预测为依据，确定企业的目标市场，制订采购、生产、销售方面的计划；企业的生产能力计划也要根据需求预测制订，确定生产能力的投入以及人物的分配。在科学的需求预测基础上，才能制订出最优的生产能力计划，确定产品与服务需求数量，提高生产运作效率。

思考与练习

1. 什么是需求预测，预测对生产企业管理有什么作用？

2. 比较专家会议与德尔菲法的异同，并说明如何组织实施德尔菲法。

3. 什么是时间序列？举例说明研究时间序列的意义。

4. 某家电销售公司 2018 年前三个季度每月销售的热水器数量如表 3-3 所示。试用移动平均法在数据移动跨列分别为 $N=3$ 和 $N=4$ 的条件下预测第四季度第一个月热水器的销售数量。

表 3-3　前三个季度热水器销售量

月 份	1	2	3	4	5	6	7	8	9
销售量	44	35	55	60	58	56	46	58	72

5. 某家具公司 6 个年度的生产值如表 3-4 所示。试用二次指数平滑法预测第 6 年度的生产值，取平滑系数 α =0.4。（第一个年度的预测值，根据专家估计为 380 万元）

表 3-4 6 个年度的生产产值

年度序号	1	2	3	4	5	6
生产值	397	445	398	510	521	542

第四章

库存管理和 MRP

学习目标

通过本章的学习，了解与掌握库存和库存管理的基本概念、类型和作用；了解 MRP 的概念和相关的目标及特点，掌握基本的库存成本和模型算法，能够运用库存管理方法，例如经济批量订货法等方法求解实际中的问题。

本章重点与难点：库存管理方法、库存与 MRP 的关系。

第一节 库 存

库存是一项代价很高的企业投资，无论对于生产制造企业还是流通企业来讲库存都是具有极其重要意义的。库存具有两面性，它能够保证企业进行正常的生产，防止缺货而造成的损失；但企业留有一定库存就会占用企业的资金和储存空间。所以库存管理和库存控制最主要解决的问题就是使企业能够在保证正常生产而不受影响的情况下，持有最小的库存以达到最大限度地降低企业成本。

一、库存的含义

库存是指为了使生产能够正常而连续地进行或为了及时满足客户的需求，在各个生产阶段的流通环节之间设置的一定的物品储备。库存的设定是依据企业的需求而制定的，定什么样的库存、定多少的库存量以及库存一些相关量的设定都是根据企业预测需求决定的。

二、库存的类型

无论是生产企业还是流通企业，它的库存都可以分为几种类型。

（一）按库存的状态分类

（1）原材料库存：没有经任何加工就直接用来生产产品的材料的库存，包括原材料、零部件。例如钢材、木板、染料等。

（2）在制品库存：没有完成最终加工之前的物品的库存，指一种状态转换为另外一种状态过程中的库存，在制品不能直接卖给消费者，因为还尚未完工。例如，1 000把椅子已经完成喷漆，但需要2个小时油漆才能干，那么这1 000把椅子便算作在制品库存。

（3）维修库存：企业用来维修和补充那些因生产而消耗的产品和零部件的库存，包括一些机器零件。

（4）产成品库存：已经由原材料和零部件等生产成的最终产品的库存。

（二）按库存的效用分类

（1）周转库存：在一定条件下，企业为了能够保证每天生产正常而保有的库存。采购批量决定了周转库存的大小，由于企业每天要进行生产，所以库存在不断地消耗，当其减少到一定的库存量就需要进行补充。正常的周转库存可分为三类：一是生产企业的正常周转库存；二是建设单位的正常周转库存，它是用来保证建筑和设备安装工作的正常进行而保持的物资合理库存量；三是物资供销企业的正常周转库存。

（2）安全库存：是为了防止由于不确定因素而造成供货延迟影响生产而设置的安全库存量，其大小和库存服务水平以及库存安全系数相关。

（3）储存库存：是为平衡需求与生产供应而设置的。对于一些季节性的产品，如冰箱等家电为了保持生产的平衡，在淡季生产是为了满足旺季的供应需求。

（4）在途库存：是指正在运输的物品或者在相邻两个站点之间暂存的物品。这是一种客观的库存，它与运输时间及该期间内的平均需求相关。

（三）按库存的需求特性分类

（1）独立需求库存：指一物品的需求量和其他物品的需求量无关，也就是说没有量的传递关系，可以分别确定。它一般是指最终品的库存，需求量多由市场决定，数量和时间上存在不确定性。

（2）相关需求库存：是指某一物料的需求量和其他的物料需求具有一定的相关性的需求。

除了以上这些常见的库存类型之外，还有缓冲库存、预期库存、批量库存、囤积库存等。

三、库存的作用

库存是将有价值的资源暂时闲置起来，直观来看，库存似乎并没有什么好处，没有库存产品可以立即实现其应有的价值，而且还可以减少一些库存管理成本。事物都存在两面性，库存也有其两面性。一方面，它产生了较高存储成本，但另一方面它能有效地缓解供需矛盾，保持生产的顺利进行。从不同的方面看库存，其作用是不同的。

（一）获取规模效益

许多企业在进行一项业务的运作过程中，需要进行许多的准备工作，如一些生产型企业，库存的存在是为了减少因为一些不确定事件发生所带来的损失。

（二）应对不确定因素，保证生产的计划性、平稳性，以消除或者满足需求变化

产品的需求随着市场的波动变化是非常大的，客户对产品的需求难以预测。持有一定的库存有利于调节供需之间的不平衡，减少或者避免企业因无法确定客户需求而造成的损失。

（三）保证生产的连续性，维持销售产品的稳定性

对于生产来讲，持有一定的库存，才能满足在生产过程中对于一些零部件或者半成品的需求。持有一定的成品库存，可以应付销售市场的变化，对订货量小、订货次数多、订货时间短的市场需求，要保持适量的库存，可满足随时订货和随时提货的要求。

（四）减少资金占用，降低物流成本

分析企业的流通资金占用可知，资金大部分用于购买库存的材料、在制品及成品等，因此对库存量的控制也等同于是对流通资金的平衡控制。持有适当的库存可以在需求变化时满足客户需求，降低物流成本。

（五）储存功能

在产品价格下降时增大存储，减少损失，以应对不时之需。

四、库存成本的构成

库存成本指存储在仓库里的货物所产生的成本，它包括订货费、购买费、保管费。库存管理主要是为了有效地控制库存成本，或者在一些特定的条件下，以最低的成本满足生产要求。

（一）持有成本

持有成本就是获取产品后产生的相关费用，包括：

1. 资金成本、机会成本

企业的资金用于购买或者生产库存后，这些资金就无法用于其他投资，也无法从其他投资中获利。这部分利润损失，也称作机会成本。

2. 仓储成本

用于储存货物的仓库、负责管理库存人工、管理和存储库存所需用到的设备都视为仓储成本。

3. 保管成本

保管成本指在仓库中保管物资所花费的所有费用，包括保管的人工费、工具材料费等。保管成本与保管时间长短有关，一般保管的货物时间越长花费的成本越高。

4. 订货成本

订货成本指从企业外部购买产品所产生的费用，包括采购价格、运输费、差旅费、通信费以及跟踪订单所花费的成本。采购成本与订货的批量有关，批量越大，采购成本越高。

5. 缺货成本

缺货成本是指由于缺货，不能满足顾客需求所产生的费用，或者由于其他特殊情况供货不到位而造成的损失。

向供应商订货或要求生产部门生产批量时，应该使以上三种成本综合起来的总成本达到最小值。

$$总成本=订货成本+持有成本+采购成本 \tag{4-1}$$

总成本关系见图 4-1。

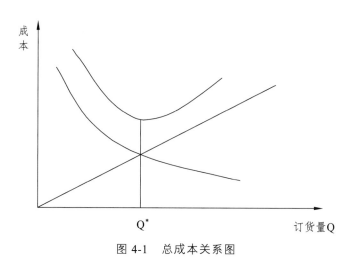

图 4-1　总成本关系图

第二节　库存管理

一、库存管理理论的发展

最早期的库存管理理论诞生于近百年前，大约在 1913 年，美国学者哈利斯（Harris）提出了经济订货批量（EOQ）模型。它的提出，从根本上改变了人们对库存问题的传统认识，是对库存管理理论研究的一个重大突破。

库存管理又称存货管理或者在库管理，是在库存论的指导下，在经济合理或者某些特点的前提下，如果不允许缺货与降低服务水平等，建立库存数量的界限，即库存量（需求量）、库存水平、订量等数据界限。

库存管理的对象是整个库存系统。

二、库存管理含义

库存管理是对库存的管理和控制，所以它也称库存控制，库存管理对制造或者服务业生产、经营全过程的各种物品，产出品以及其他资源进行管理和控制，使其储备保持在经济合理的水平上，它的重点在于确定订货时间、订购多少、何时订货。

管理好库存是企业成功发展的一个重要因素。

三、库存管理的作用

库存管理要考虑两点：一个是对客户服务水平，及时满足他们的需求；另一个则是订货成本与库存持有成本。

库存管理的目的是在能满足顾客服务要求的前提下，通过对企业的库存水平进行控制，尽可能地降低库存水平、提高物流生产效率，增强企业的市场竞争力。

（一）改善服务质量

当企业持有一定量的库存的时候，能够在客户需要货物时，及时供应给客户。这样可以保证企业能够准时快速交货，从而增强客户对企业的信任度，改善企业服务质量。

（二）节省订货费用

订货费用是指订购每批货物所产生的费用，即采购费用。订货费用和订货的次数有关。当持有一定的库存量时，增大企业订货批量，就可以减少订货的次数从而降低订货成本。

（三）防止脱销

延迟送货和意料之外的需求增长都会导致缺货风险，延迟可能由于各种客观因素条件造成，持有安全库存能够降低缺货风险。

四、库存管理的类型

库存管理的类型有多种分类方法，常见的有 ABC 分类管理法、定量订货管理法、定期订货管理法。

（一）ABC 分类管理法

1. ABC 管理法的定义

ABC 分类管理法又称重点管理法或者是 ABC 分析法。它是将库存的品种和金额按一定标准进行分类，对不同的货物分别采用 A、B、C 三种管理方法。

具体计算过程：

（1）先计算每种库存物资在一定期间的供应金额；

（2）按供应金额的大小顺序，排出其品种序列；

（3）计算资金和库存累计百分比。

详细划分可参考表 4-1。

表 4-1　ABC 分类法的划分规则

类别	资金占用/%	品种占用/%
A	70～80	10～20
B	15～20	30～40
C	5～10	40～50

2. 各类物料的管理方法

（1）A 类商品的库存管理

A 类物品占资金比重比较大需要重点管理，要求尽可能正确地预测需求量，进行严格的现场管理；少量采购，尽可能在不影响需求下减少库存量。请供应商配合，以降低需求变动减少库存量；与供应商协商，尽可能地缩短前置时间。采用定期订货的方式，对其库存必须做出定期检查；必须严格盘点以提高库存精准度。

（2）B 类商品的库存管理

B 类物品介于 A 类和 C 类物品之间，定量订货方法或者定期订货方法都可以适用，可以两三周进行一次盘点，中量采购。

（3）C 类商品的库存管理

C 类物品无须投入太多的管理，可采用复合制或者定量订货方式以求节省手续费，可以大量采购以便获取价格上的优惠，简化库存管理使用手段。安全库存可设置较大，以免发生库存短缺，可交现场保管使用，且每月只需盘点一次。

（二）定量订货管理法

1. 定量订货管理法原理

定量订货法是指当库存控制系统的现有库存量降到订货点及以下时，库存控制系统就按照规定数量进行订货补充的一种库存管理方法。

这一盘点法实际上是监控企业现有的库存量，当库存量到达某一点（Q）时企业就会发出订货指令，因而对库存数量的随时监控就显得尤为必要，此时对库存采取连续性盘点的方式。当库存量到达订货点 Q 时，必须检查库存量，并随时准备发出订货指令。

图 4-2 所示为连续性盘点（r，Q）策略的示意图。从图中可以看出，系统中采取的是缺货回补的处理方式，直到第三次补货之前要么无在途库存，要么最多只有一个批次在途库存。当第三次补货后还未到货之前，现有库存量在 t_1 时刻又下降到 r 以下了，在该时刻发出第四次补货请求。

2. 订量订货法的作业程序

定量订货管理法采用永续盘点检查库存，能及时地掌握到库存的动态情况。因每次都是以固定的数量订货，方法简单，但是要消耗大量的人员且花费大量的时间，从而增加了库存管理的成本。所以，定量订货法较适用于品种数目少但占资金比例大的 A 类物品的库存。

图 4-3 是定量订货管理法的基本作业程序。

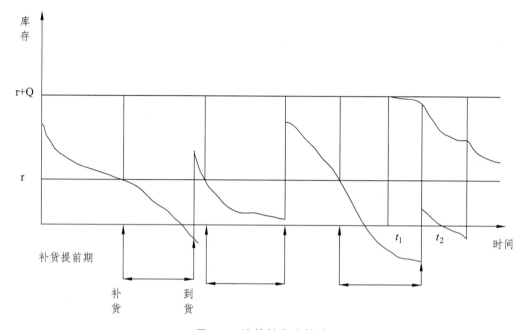

图 4-2　连续性盘点策略

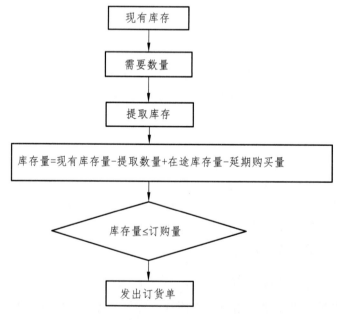

图 4-3　定量订货管理法作业程序

3. 订货点的确定

当库存下降到某个库存水平时就发出订货请求，因此，将发出订货时的库存量水平叫作订货点。

一般企业的订货点不能定得太高，如果太高，库存量过大，占用资金和储存面积就会过大，导致库存管理的费用过大，物流费用过高；但是订货点定得太低了也不行，容易造成缺货风险。

一般影响订货点的因素有三个：

（1）销售速度：销售速度越快，订货点越高。

（2）订货提前期：指从发出订单到所订货物运回仓库所需要的时间长度。

（3）订货提前期销售量：订货提前期销售量是按照当前的销售速度在订货提起前期的销售量，也称作订货提前期需求量。

在不同的情况下确定订货点：

（1）在需求和订货提前期确定的情况下，不需要设置安全库存：

$$订货点=（订货提前期×年需求量）/360 \tag{4-2}$$

（2）在需求和订货提前期都不确定的情况下，需要设置安全库存：

$$订货点=（最大订货提前期×平均需求量）+安全库存 \tag{4-3}$$

$$安全库存=安全系×\sqrt{最大订货提前期×需求变动值} \tag{4-4}$$

【例 4-1】已知某种物资平均每月需用量 600 件，进货提前期为 10 天，则订购点为：

解：$QK=(600/30)×10=200$（件）

4. 订货批量的确定

所谓的订货批量，是指一次订货的订货数量。订货批量的高低，对库存量和供货的满意程度都有影响。订货批量过大，虽然可以较充分地满足客户需求，但将会使库存量升高，物流成本增高；如果订货批量过小，虽然说降低了库存量但是客户的需求又得不到满足，所以要确定一个适当的订货批量。图 4-4 所示为经济订货批量库存变化量。

图中 Q 为订购批量，ROP 为订货点。

年库存总成本由年维持库存量 CH、年订货费 CR 和年采购费 CP 三部分构成：

$$CT=CH+CR+CP=H×Q/2+S×D/Q+p×D \tag{4-5}$$

式中：D=产品的年需求量；

　　　S=每次订购的固定成本；

　　　C=单位产品的成本；

　　　h=每年的储存成本；

　　　年材料成本=CD；

　　　年订购成本=（D/Q）S；

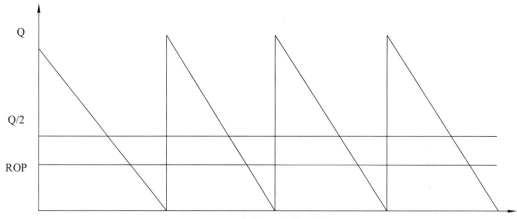

图 4-4　订货批量变化示意图

年订购次数=D/Q；

年储存成本=$(Q/2)hC$。

最佳经济订购批量就是总成本最小时的批量规模。通过数学的方式对总成本进行关于 Q 的求导，可得到最佳批量规模。最佳批量规模又称为经济订购量（EOQ），可由下式求出

最佳批量规模：$Q = \sqrt{\dfrac{2DS}{H}}$　　　　　　　　　　　　　　　　　　　（4-6）

最低年总成本：$TC = DP + HQ$　　　　　　　　　　　　　　　　　　（4-7）

年订货次数：$N = D/Q$　　　　　　　　　　　　　　　　　　　　　（4-8）

平均订货间隔周期：$T = 365/N = 365Q/D$　　　　　　　　　　　　　（4-9）

运用此公式时，储存成本 h 和需求量 D 要有相同的时间单位，这一点很重要。假如储存成本的单位为年，则相对应的需求量的时间也应为年。那么经济批量规模为 Q，得到循环库存则为 $Q/2$。下图 4-5 为经济批量规模对成本的影响图。

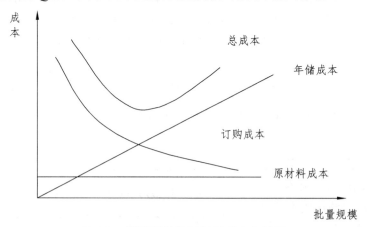

图 4-5　经济订货批量规模成本曲线图

【例 4-2】苹果手机每月需求量是 2 000 台，每次订购的固定成本、运输和接受成

本为 5 000 元，每台进价为 600 元，零售商储存成本占 15%。估算商店经理在每次补充订购货物的批量。

解：在这种情况下，商店管理者已知：

年需求量 D=2 000×12=24 000 单位

每批订购成本 S=5 000 元

每台计算机的单位成本为 C=600 元

年储存成本为 h=0.15

用 EOQ 公式（公式 4-6），可取得最佳的批量规模如下：

最佳的批量规模 $Q = \sqrt{\dfrac{2 \times 24\,000 \times 5\,000}{0.15 \times 600}} = 1\,633$

（三）定期订货管理法

1. 定期订货管理法原理

定期订货法是指按照预先确定的订货间隔期间进行订货补充库存的一种库存控制方法。

定期订货管理法可用周期性盘点（s，S）策略，其中 s 表示安全库存水平，S 表示最大仓储水平。周期性盘点策略是周期性地查看库存的状态，以 s 为界限，当库存量在该界限之上，不做补充；库存量在界限 s 之下就将库存水平补充到 s 之上。图 4-6 所示为周期性盘点（s，S）策略的示意图，从图中可以看出，系统采取的是缺货不补的处理方式。在第一个盘点时刻，库存量在 s 之上，因此，可以不做补充。在第二个盘点时刻，现有库存量处在 s 以下，在该时刻发出请求，补货批量是当前的现有库存量与 S 的差值，即将现有库存量补充到 S，在经历一个提前期后货物到货。在第三个盘点时刻，已经明显看出来系统在缺货的状态，因此，在该时刻补充货物批量为 S。

2. 定期订货法的作业程序

定期订货法有一个重要因素就是要确定订货的间隔期，当多种货物同时进行采购的时候，可以降低订购货物的费用也可以降低运输的成本。这是一种不用经常检查和盘点库存的库存管理法，节省了这方面的人工和费用。但由于不用经常的盘点检查，对货物的动态不能及时掌握，遇到突发性情况（突然性的大需求量），容易造成缺货从而给企业带来损失。

图 4-7 为定期订货管理法的基本作业程序示意图。

3. 确定订货周期

定期订货法的订货周期与定量订货发的不同，它可以根据经验确定，也可以看作是它的订货间隔期。定量订货法的订货间隔期可能不等，而定期订货法的订货间隔期总是相等的。

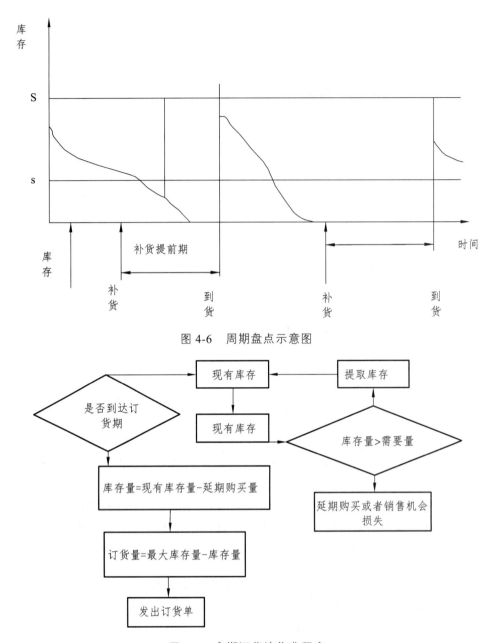

图 4-6　周期盘点示意图

图 4-7　定期订货法作业程序

　　两者的不同之处还有对订购请求的标准不同，订购货物的批量不同，对库存管理程度不同，商品的适用范围和条件不同。

　　一般情况下，用经济订货公式来计算，即：

$$T = \sqrt{\frac{2S}{HD}} \tag{4-10}$$

【例 4-3】某仓库 K 商品的年需求量为 16 000 箱，单位商品年保管费用为 20 元，每次订货成本为 1 600 元，用定量订货法求经济订货批量 Q，用定期订货法求经济订货周期 T。

解：根据公式（4-6）$Q = \sqrt{\dfrac{2DS}{H}} = \sqrt{\dfrac{2 \times 16\,000 \times 1\,600}{20}} = 1\,600$（箱）

根据公式（4-10）$T = \sqrt{\dfrac{2S}{DH}} = \sqrt{\dfrac{2 \times 1\,600}{1\,600 \times 20}} = 1/10$（年）$= 36$（天）

4. 确定最高库存量

最高库存是对企业库存过多进行管理和控制而确定的一个库存管理标准，定期订货法的最高库存量应以满足 $T+Tk$ 期间的需求量为主要依据。

5. 确定安全库存量

安全库存也是最低标准库存量，企业对库存物料不足情况进行合理控制，是为了预防库存短缺的状况而造成企业损失。定期订货法没有固定不变的订货批量，是根据现实情况决定的，安全库存的确定以订货间隔期为基准。

五、库存管理方式

（一）供应商管理库存（VMI）

供应商管理库存（Vendor Managed Inventory），简称 VMI，供应商等上游企业是根据其下游客户的生产经营状况、库存信息、销售情况等，对下游客户的库存进行管理与控制，它是一种在供应链环境下的库存运作模式。

（二）客户管理库存（CMI）

相对于供应商管理模式，客户管理库存是另外一种和它相对的供应链库存管理控制方式，是以客户为主体进行库存管理的。

（三）联合库存管理（JMI）

联合库存管理，顾名思义就是供应商库存管理和客户库存管理的结合，但又不完全一样。它是由供应商与客户联合共同管理库存，进行库存决策控制。因为同时关系到供应商和客户，所以结合了供应商和客户两方的信息，从而更好地进行市场预测和库存管理。

六、库存管理面临的挑战

随着社会经济的发展和市场的动态变化，企业的市场竞争因素也发生了变化。确定主要竞争因素的影响力，是企业发展的一大关键。从 20 世纪到 21 世纪企业竞争力影响因素有了新的特点：

（1）产品的生命周期越来越短。

（2）产品的种类飞速增多。

（3）对交货期的要求越来越高。

（4）客户对产品和服务的期望提高。

第三节　MRP 与库存管理

一、MRP 原理

物料需求计划（Material Requirements Planning，MRP）是依据市场需求预测和顾客订单确定企业物料供应计划和产品生产计划，在产品生产进度计划的基础上，组成产品物料结构表和库存基本情况，通过计算机算出所需要的物料的需求数量和需求时间，从而确定物料加工进度和订货计划的一种科学技术。

由图 4-8 可以看出，物料需求计划 MRP 的三个输入文件为主生产计划（MPS）、主产品结构和物料清单（BOM）与库存文件。

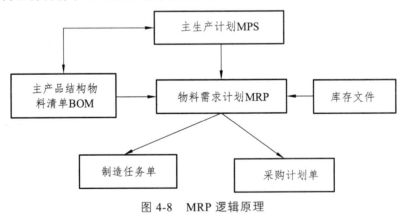

图 4-8　MRP 逻辑原理

二、MRP 的系统目标及特点

（一）MRP 的系统目标

（1）MRP 的存在是为了能够满足客户任何时候的生产需求。

（2）保证尽可能低的库存水平。

（3）对各物流生产等活动合理安排，实现各车间的生产零部件、外购件与装配在时间与数量上的精准衔接。

（二）MRP 的主要特点

市场每天都在不断地变化，因此需求的变化也有一个时间阶段性，对于物品的需求数量，企业如何进行生产计划安排，MRP 从最终形成的产品开始，推算编制所有低层次需求品（装配件和零部件）的必要进度计划。

三、MRP 库存管理实例与仿真

某企业要求在第 5 周和第 10 周分别交货 100 件 Z 产品，Z 产品结构树如图 4-9 所示，已知该产品及其零部件的库存量与提前期如表 4-2 所示，问该如何组织生产，即制造任务单和采购订货单该如何下达？

表 4-2　零部件的库存量与提前期

产品项	初期库存量	提前期	备注
Z	45	2	订购或出产无批量限制
Z_1	15	2	订购或出产无批量限制
Z_2	30	1	订购或出产无批量限制
Z_{21}	60	1	订购或出产无批量限制
Z_{22}	40	1	订购或出产无批量限制
M_1	0	2	已在两周前发出 130 个订单

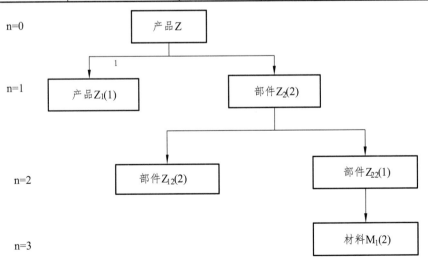

图 4-9　Z 产品结构图

从以上的信息，我们可以看出最终产品 MRP 有三个输入文件，即主生产计划 MPS 为第 5 周和第 10 周分别交货 100 件 Z 产品；主要产品结构和物料清单以及库存文件。可以根据三个输入文件，列表计算各零部件的加工和采购计划，如表 4-3 所示。

表 4-3　Z 产品的各部件 MRP 处理表

项目：Z（0 级） 提前期：2	周次										
	0	1	2	3	4	5	6	7	8	9	10
总需求量						100					100
计划到货量						55					100
库存量	45	45	45	45	45	0	0	0	0	0	0
计划补充订购量				55					100		

Z_1 提前期：2	周次										
	0	1	2	3	4	5	6	7	8	9	10
总需求量				55					100		
计划到货量				40					100		
库存量	15	15	15	0	0	0	0	0	0	0	0
计划补充订购量		40					100				

Z_2 提前期：2	周次										
	0	1	2	3	4	5	6	7	8	9	10
总需求量				110		100			200		
计划到货量				80		55			200		
库存量	30	30	30	0	0	0	0	0	0	0	0
计划补充订购量			80					200			

Z_{21} 提前期：2	周次										
	0	1	2	3	4	5	6	7	8	9	10
总需求量			160				400				
计划到货量			100				400				
库存量	60	60	0	0	0	0	0	0	0	0	0
计划补充订购量		100				400					

Z_{22} 提前期：2	周次										
	0	1	2	3	4	5	6	7	8	9	10
总需求量			80					200			
计划到货量			40					200			
库存量	40	40	0	0	0	0	0	0	0	0	0
计划补充订购量		40					200				

M_1 提前期：2	周次										
	0	1	2	3	4	5	6	7	8	9	10
总需求量		80					400				
计划到货量		130					350				
库存量	0	50	50	50	50	50	0	0	0	0	0
计划补充订购量						350					

最后，将上述表中计划补充订购数量一栏，按订购和加工分别汇总，得到明细采购订货单和明细制造任务单，见表 4-4 和表 4-5。

表 4-4　明细采购订货单

采购计划	周次									
	1	2	3	4	5	6	7	8	9	10
项目：Z_1	40					100				
项目：Z_{21}	100					400				
项目：M_1				350						

表 4-5　明细制造任务单

采购计划	周次									
	1	2	3	4	5	6	7	8	9	10
项目：Z_1			55					100		
项目：Z_{21}		80						200		
项目：M_1	40					200				

以上例子是一个 MRP 的处理示例，我们在这里假设订购或出产没有批量限制，现实情况可能不是这样，如供应 X_1 部件的供应商要求每次订货至少要达到 100 件；因为模具不能频繁更换，生产车间生产 X_2 部件的最少批量为 150 件等，这样问题会变得稍微复杂一些，但原理还是一样，我们按上面的 MRP 处理表仍然可以求解。

四、MRPⅡ与库存管理

制造资源计划（Manufacturing Resources Planning，MRPⅡ）是以生产物料的控制和库存的管理为重点，但它并没有替换 MRP，也并非在它的基础上做改进，它只是扩展了生产资源计划的范围。

企业资源计划（ERP）的发展阶段经过了库存管理订货点、MRP、闭环 MRP、MRPⅡ等几个阶段。MRPⅡ是由企业的所有资源整合集成，从宏观到微观，始终与企业发经营目标统一的一种管理方式。它由供应信息、需求信息、制造信息、消费反馈信息而构成一个整体封闭的系统，对提高市场的适应能力和企业的市场竞争力有很大帮助。

本章小结

本章首先介绍了库存、库存管理以及 MRP 的相关概念、作用和类型及库管理的方法。库存对于一个企业的生产很重要，建立一个有效的库存管理方法是一个企业成功的关键。库存管理的目标是：在满足客户的需求的情况下和企业生产平稳且连续正常进行的情况下，企业能以最低的成本，达到企业效益最大化。重点掌握库存的管理和控制方法，能够利用库存管理方法来降低企业库存成本。了解 MRP 对库存管理的意义。

思考与练习

一、简答题

1. 简述库存和库存管理的概念；传统的库存管理和现代的库存管理有何区别？

2. 库存的作用有哪些？

3. 定期订货法和定量订货法的区别是什么？它们分别适用于什么条件下的库存控制？

4. MRP 管理对库存控制的意义？

5. 简述一个企业持有库存的利弊。如果你作为一个库存管理人员如何去把握好库存管理的关键环节？

二、计算题

1. 某商贸公司每年以每单位 30 元价格采购 6 000 个单位的某产品，处理订单和组织送货要 125 元的费用，每个单位存储成本为 6 元，问这种产品的最佳订货量是多少？

2. 某企业每年需要耗用 B 材料 1 200 吨，材料的单价为每吨 1 460 元，每次订货成本为 100 元，单位材料的年储存成本为 6 元，则：

（1）经济订购批量为多少？

（2）经济订购批次为多少？

（3）最低的相关总成本为多少？

3. 某企业每年需外购 8 000 件 X 零件，X 零件的单价为 10 元，每次订货费用为 30 元，每个零件的年均储存费用为 3 元，订货提前期为 10 天，一年工作 250 天。

求：

（1）经济订购批量和订购此批量时的总费用为多少？

（2）订货点为多少？

（3）年订货次数为多少？

4. 某配送中心每年为私家超市配送 3 000 袋米。订货成本是 12 元，库存成本每包每年 4 元。新价目表标明，少于 200 袋的购入成本每袋 28 元，200～299 袋是每袋 25 元，300～399 袋是每袋 22 元，更大的订货量则是每袋 20 元。请确定经济批量与总成本。

第五章

综合生产计划

学习目标

通过本章的学习，了解综合生产计划定义、目标、任务，知道产品产出进度计划的方法，懂得如何运用综合计划策略来合理安排生产计划实现利益最大化，懂得 MTS 企业和 MTO（按订单生产）企业综合生产计划的编制方法。

第一节　综合生产计划定义、目标及任务

一、综合生产计划计划的定义

综合计划是指企业生产计划大纲，是在一段较长时间内在企业未来所有的资源和市场需求之间找到平衡，使生产任务均匀平稳地完成所做的概括性设想。综合生产计划是根据企业所具有的生产能力、物资及劳动力资本和未来的客户需求预测对企业将来很长的各时间段内的制造产品种类、产物产出量、所需劳动力程度、必要的库存投资、生产的时期等事件做出的一个大概的描绘，它的目的是便利于生产决议和生产指示。综合计划普通情况下是按一年来编写的，也叫作年度生产计划。有一些产品的出产时间要求较长，如大型轮船、重型机械、潜艇等，他们的生产周期一般超过一年的时间，在这样的计划期内，采用的计划时间单位为双月、月或季。

二、综合生产计划的目标

综合生产计划的目标是：充分合理高效地运用企业拥有的生产能力和生产资源，来满足市场需求和顾客需求，合理运用企业的生产能力让生产负荷尽可能变得均匀稳定，使库存保持在合理水平，生产的成本最低。这些目标产生许多合理目的，各目的

之间既有一致性又有相悖性。例如，可以通过增加库存来满足顾客的需求，但保证交货的准时性和快速性会造成库存增多，进而导致库存成本的上升。当企业的产品和服务出现大量的非均匀需求时，很难做到均衡生产和人工数量的稳定。在需求减少的时候通过解雇工人来降低成本，在需求增多的时候雇佣工人，这样做会给工作效率带来极大影响，也会对产品的质量产生影响，造成一系列的管理问题，反而造成成本上升、利润降低的结果。因此综合计划的目标就是在制订计划的过程中处理好各目标之间的矛盾，选择合适的策略加以解决，使得整体的效益最高。综合生产计划是一个企业的总体计划，要实现企业发展的整体目标。它不是某一个部门的计划，而是由多个部门共同参与的，企业综合计划目标与各部门目标也会有所不同。在一些情况下这些目标的综合实现与部分目标存在相悖性。因此，在综合计划的制订过程中必须处理好这些关系，妥善解决矛盾。

三、综合生产计划的任务

综合生产计划的任务是对在计划期内要生产的产品种类、质量、数量、产值和生产日期等指标做出总的安排。综合生产计划不是针对每一个产品品种的生产量、生产时间、完工时间、每一个车间、每个操作人员的具体工作任务的编制，而是根据下面几种方式对生产的产品、生产时间和操作人员做安排：

（1）产品：针对产品的市场需求特性、加工要求、需要的操作人员和机器设备、交货期等特性的类似性，将要生产的产品综合分为几个大的产品系列，以产品系列为单位来编制企业综合生产计划。

（2）生产时间：综合生产计划通常按年来编制，计划期一般是一年，因而也叫年度生产大纲或年度生产计划，然而有一些产品的生产周期比较长，如大型电梯、游轮等，也许需要两年、三年或者五年甚至更久。在该计划期内普遍使用月和季作为时间单位。

（3）操作人员：综合生产计划计划可以根据多种不同的生产方式来考虑员工的安排问题。比如，按照产品系列分成相应的组，再为每组安排员工，之后再分别考虑完成该产品所需人员数量；将职员按照物品的加工工艺要求和职员所需的技能程度等进行分组。综合生产计划中对人员的要求还需要考虑到需求变化所引起人员需求数量的改变，从而决定用加班的方式，还是扩大聘用员工等方法。

对于备货型企业，他们生产的产品已经有现有的产品标准，对产品的需求可以预测，产品价格已经知道，顾客可以从成品仓库里直接提货，因而确定产品的品种和产量成为编制综合生产计划的核心，知道产品的品种和产量就可计算出产值。对于订货型企业，由于按照顾客订单要求进行生产的产品可能是变型产品，也有可能是没有标准的产品，用户要求多种多样，这就要求通过合同与协议的方式对产品的质量、性能、数量和交付时间进行确认，之后组织设计制造，产品的品种、价格、交付期、数量成为综合生产计划制订的核心。确定产品的品种、价格、交付期、数量价格、订货策略和出产进度变得尤为重要。

（一）编制产品出产进度计划的要求

产品出产进度计划的编制就是要将年度计划下达的生产任务，依据产品品种、产品数量、产品规格具体安排到各季、各月，规定每个生产车间的生产任务。要求有以下几条：

（1）根据订货条约，保证客户对产品质量和交货时间的期望。根据合同要求在交货期限内完成产品品种、质量、数量的要求，在生产的次序上优先考虑重点，之后考虑一般，在计划期内的优先，计划期外的其次。

（2）尽可能让全年各季、各月的产品产出量均衡，品种搭配要合理，注意排产顺序，尽可能地让生产任务均衡，设备和员工的劳动力负荷均匀，回收资金和占用资金相协调。

（3）不能仓促生产，技术准备要周到，原材料、零配件供应要及时，才能保证产品的质量，避免生产事故。

（4）对于需求呈现季节性变化的产品，应根据季节性需求变化来合理安排劳动力、设备和原材供应等。

（5）为保证生产计划的完成，尽可能地赶工，留有适当的提前期，留出一定的生产能力为下一期生产计划做准备，保证各期计划连接顺畅。

（二）产品出产计划的编制方法

确定了产品的品种与生产数量后，再安排产品的产出时间、投入量，就得到产品的出产计划，预测的需求并不一定等于生产需求，产品出产进度的安排还和生产技术的特点有关，不同生产类型在编制产品出产计划方面有一定差别。

1. 大批量生产类型

大批量生产类型的企业的生产特点是产品的品种少而且产量大。安排产品出产进度主要是通过计划进度来确定各季、各月的产品产量，常用的方法有三种：

（1）均衡分配方式。

均衡分配方式即将全年计划产量平均分配到各季、各月。适用于在市场对产品需求量比较稳定的情况下采用。

（2）均匀递增法。

均匀递增法也叫分期递增法，也就是将全年计划产量分期、分阶段均匀地分配到各季、各月。这种方法适用于市场对该种产品需求量不断增加，而且企业的劳动生产率稳步提高的情况。

（3）抛物线递增方式。

抛物线递增方式即将全年生产计划量，按年初增长较快之后增长较慢的方法，在各季、各月分配，产量增长似抛物线形状。这种方法适用于新投产的产品，而且市场对该产品的需求量不断增加的情况。

2. 成批生产类型

成批生产类型企业生产特点是产品品种较多，而各种产品的产量大小不一，每种产品都有一定批量，因此产品出产的进度安排就不是按季、按月份分配各种产品产量，而要考虑各品种产品的搭配与产量分配，以减少每季、每月生产的品种数，增大每种产品的批量同时使设备、劳动力比较均匀，以便合理使用人力物力，提高经济效益。

（1）主导产品——细水长流。

产量较多、常常需要生产的物品，放在优先考虑的地位，尽可能先安排投产。将产量大、季节性需求波动较小的产品，根据细水长流的方式在计划期内的每季、每月都安排一定数量的产量，尽量使全年比较均匀地生产，保证企业在生产上的稳定性。

（2）成批产品——集中轮番。

成批生产的产品采用集中轮番的生产方式，减少每月同时生产的产品品种数目，加大其中一些产品的生产批量。针对某一种产品用比较短的时间完成该产品的生产任务，再去生产其他产品。这种方式可以减少生产装备准备时间和生产作业的工作量。但会出现产品出产期与交货期不一致的情况，从而增加库存量造成库存成本上升，占用更多的企业资金，因而集中生产时要充分考虑成本改变带来的影响，再做决策。

（3）以新产品代替老产品——交替安排。

新产品和老产品的交替需要有一定的交叉时间，新产品在一段时间里产量逐步增加，而老产品的产量逐步下降。用这种方法可以避免由于骤上骤下产生的产品产量波动过大，从而造成生产技术准备工作时松时紧、工作量时多时少的情况，也帮助工人提高生产新产品的熟练度。

（4）大中小型产品——搭配生产。

高端的产品与普通的产品、复杂的产品和简单的产品、大型产品和小型产品合理组合，以让每种生产设备和生产的技术及产能负荷、员工劳作时间等达到均衡负荷。

（5）品种前后的安排——关键约束。

安排各种产品的搭配和先后顺序时，要考虑生产技术准备工作完成期限及关键材料、外协外购件的供应期。新产出的产品、需要特殊加工的产品，尽可能按计划期分摊、分期、分批，通过交错的方式来实现计划投产。

3. 单件小批量生产类型

产品品种多且每种产品产量较少是单件小批量生产类型的生产企业的特点，插单多、生产任务时松时紧、设备忙闲不均，其生产进度安排在满足交货期的前提下，先安排已经确定的订单，通过反工艺的方法来确定各车间投料和完工时间。同时考虑产品类型相同的进行集中生产，关键设备加工和新产品按季分摊，来提高企业经济效益，具体方法如下。

（1）根据交货期安排已确定的订单任务。优先安排经济价值较高、罚款较多、交货期紧、周期长、工序多的产品。

（2）初步协议的产品根据计量单位（如吨位、工时、千瓦）较均衡地分配到各季、各月的生产任务，当订单具体落实时通过调整季度、月度生产计划来安排这些订单。

（3）保证产品生产进度和生产技术准备工作相衔接，同类型的产品集中生产，关键设备加工和新产品分散安排，尽量使人力、物力、财力充分利用，保证生产计划顺利进行。

第二节　综合生产计划策略

综合生产计划存在多个考虑因素，其综合计划的各目标之间存在一些相悖性，也存在一致性，最终要求与总体目标一致。比如，要最大限度地提高顾客服务水平要求拥有较高的供给水平来保证准确、及时交货，但这样做要求拥有一个较高水平的库存；大批量生产的产品可以在规模经济上取得效益，但对库存来说大批量的采购也会导致库存成本的上升；需求量呈现季节变化的产品，淡季和旺季所需人工的数量和技术水平不同，要求以成本最低的目标来管理人员，计划是不可能同时做到既使员工的变动水平一直保持最低，又使服务要求达到最好；在制造业企业里，产品的需求呈现季节变化时，要想保证稳定、均衡的生产速率，也就需要较高水平的库存量；等等。这些都说明了综合生产计划目标之间的相悖性。这些目标经过分析考虑就成了总体的一个目标：用最小的成本，生产适当数量、质量合格的产品，满足交付及时性，最大限度地满足客户需求。所以在编制企业综合生产计划时，需要考虑重要目标因素，运用适当的方法进行分析选择最优的方案，并同时考虑其他因素。主要有两种方式：一是稳妥应变型策略，二是积极进取策略。

一、稳妥应变型策略

第一种是稳妥应变型策略，这种策略的基本思路是：按照市场需求来编制相应生产计划。也就是把预测市场需求看作为给定条件，通过库存水平、加班加点、合理安排休假、改变劳动力水平、外协加工等方式来满足市场需求。

（一）跟踪策略

这种方式是通过聘用和解聘员工来实现目标。当人员来源十分充足且主要是非熟练工人或半熟练工人时，采用这一方法是可行的。但对于很多企业来说，符合生产技能要求的人员来源是非常有限，不可能随时聘用到符合技术要求的员工；新工人需要进行技能培训，培训要花费时间成本、人力成本，一个企业的培训设施能力也是有限的。对于大多数企业来说，解聘工人是很困难的，在一些特殊情况下才可以实现。例如，社会制度的变化、企业强大、所处行业特点适宜、社会保险制度完善等；而对于某些产业来说，解聘再聘则是很平常的事，在旅游业、农场就很常见。

（二）加班、部分开工策略

改变员工水平也可以通过加班或者减少工作时间的方式实现。当正常工作时间能够满足在交货期内实现产量需求时，通过采用加班，来保证能够生产出足够数量的产品；相反，当正常工作时间的产量超过实际的需求量时，可以采取部分开工，只生产所需的量，但会导致设备和劳动力的浪费。但加班需要支付更高价格的人工费，对于员工来说也不愿意加班太多，或者长期加班工作；并且加班过多还会导致员工的积极性下降、生产速率降低、产品质量下降、设备故障率增加等问题。部分开工是在产品需求量较少，但又不解聘员工的情况下使用的方法。对于许多采取工艺对象专业化组织方式生产的企业，对员工技术水平要求较高，解雇员工不易，再聘用具有相关技能员工也不容易，就常常采用这种方法。这种方法的主要缺点是导致企业生产成本增加，员工劳动力、设施设备资源的效率降低。

（三）安排休假

安排休假的方式是在需求淡季到来时只保留一部分重要人员进行设施设备维修和管理，进行最低限度的生产，大部分设备和人员都闲置。在淡季需求时段内，可以安排员工全部休假或者部分休假。比如在一些节假日，企业不仅可以利用这段时间进行设备维修、保养、安装等，还可以降低产品库存。这种方案可有几种使用方法，例如由企业安排工人的休假时间和休假长度（按需求），或企业规定每年的休假长度，由工人自由选择时间。前者是容易操作的，后者的情况下就需要考虑在需求高峰时工人的休假要求如何对应。此外，还有带薪休假、无薪休假等方式。

（四）调节库存策略

在需求淡季时建立库存，为需求旺季时提供充分的存量，确保需求旺季的供应水平能够满足客户需求。该方法能够使生产的速度和员工的数量水平保持在合理范围，但该方式是一种需要较大资金来调节产量、员工、机器数量、仓库等的方法。成品的储存需要一大笔库存费和产品、设施设备保管费、员工工资等。因而，在必要的时候，可以贮存一些零部件、半成品，当需求旺季到来时，再快捷地组装成相应的成品。调节库存的另一方法是均匀策略，使每季度的产能为年度需求的平均值。

（五）外协加工策略

外协加工是用来弥补企业自身生产能力短期不足无法满足需求的一种常用方法。有必要的时候可以将本公司的部分产品交由其他厂商生产，承包商提供服务或者为其制作需要的零件、部件、产品等，在特别的情况下，也可以将全部的产品交给其他制造商生产。

（六）混合策略

从生产运作方面考虑，为实现目标的主要策略是改变库存水平、改变职工的数量和改变生产率。这三种方法根据要求相互结合可以产生无数的结果。例如，通过改变机器的数量与改变库存水平结合起来或者改变员工的数量与改变产品库存水平相结合等。运用三种策略相组合的方式来控制生产，它所产生的效果一般更好。

【例 5-1】假设相连季度产量变化的成本指劳动力成本，为 600 元/单位，每一季度的库存费用为 900 元/单位，期初生产能力为 50 单位。需求预测如表 5-1 所示。现有两种方案，一是调节库存（采用均匀策略），二是调节劳动（跟踪策略），哪种方案成本更低？

表 5-1　需求预测表

季度	1	2	3	4
需求量	30	50	40	50

（1）跟踪策略。

表 5-2　跟踪策略计算表

季度	期初生产能力	需求	增加劳动力成本/元	减少劳动力成本/元	调节劳动力总成本/元
1	50	40		6 000	30 000
2	30	50	12 000		
3	50	40		6 000	
4	40	50	6 000		
合计			18 000	12 000	

（2）均匀策略。

每季度生产量=（40+50+40+50）/4=45

表 5-3　平均策略计算表

季度	期初生产能力	需求	产量	库存量	增加劳动力成本/元	减少劳动力成本/元	库存成本/元	总成本/元
1	50	40	45	5		3 000	4 500	
2	45	50	45	0				
3	45	40	45	5			4 500	12 000
4	45	50	45	0				
合计						3 000	9 000	

均匀策略成本更低，选择均匀策略。

二、积极进取型策略

（一）导入互补产品

这种方法是使不同产品需求的低迷期和高峰期错开。例如，生产拖拉机的企业可同时生产机动雪橇，这样其主要部件发动机的年需求则可基本保持稳定（春季、夏季主要装配拖拉机，秋季、冬季主要装配雪橇）。这种方法要求找到合适的互补产品，既能够充分使用现有人力、设施设备，又使不同产品需求的峰、谷错开，使生产保持均衡。

（二）调整价格，刺激淡季需求

需求淡季时企业通过促销活动、打折、降价等方式刺激顾客需求，但这种方法可能导致未来需求减少。比如，冬季通过降价方式来出售衬衫和短袖、裙子等，冬季降价出售水果，航空机票在特殊季节降价等。采用这一方法时要考虑库存水平和需求量之间的关系，它们之间的表示如下：

本期末库存量=上期末库存量+本期生产量-本期需求量

【例 5-2】某棉花厂，一月末有库存 80 万升，2 月份的市场需求预计为 20 万升，2 月份计划生产 30 万升，则 2 月底的库存：80+30-20=90 万升。

与人员计划中需要分组确定人员的基本关系式一样，在生产大纲中，需要按产品来分别考虑这一基本关系式。

三、策略实施相关成本

企业在制订综合计划的同时还必须要考虑执行计划所需的成本。要做到保证计划实施并且需要的成本控制在接受范围内，使用综合生产计划指导其生产。制订综合生产计划时所要考虑的相关成本主要有以下几种：

（1）员工工资。

包括正常工资和正式人员的各种福利待遇，例如，医疗保险、劳动保险、退休基金、有偿休假等。

（2）加班成本。

加班的单位成本往往比正常工作的单位成本高得多。

（3）库存成本（持有库存所发生的成本）。

指随库存投资而变化的那些成本，其中包括：资金占用成本、各种仓储成本（仓库费用、仓储管理人员费用等）、库存品的自然和非自然损耗（丢失、失盗、腐烂等）、保险费用等。

（4）订单积压成本和库存缺货成本。

需求转化为积压订单，可能会导致交货延迟面临惩罚，还包括可能失去客户的潜在机会成本。

四、其他约束条件

（1）物理性约束是指一个组织的设施空间限制，生产能力限制，员工、机器数量限制等问题，例如，某企业的零件加工机器数量有限，一个计划期内购买的原材料不能超过采购的最大量，最大的产品数量有限，仓库的最大库容量控制着库存量的最大数量等。

（2）政策性约束是指企业经营管理方针上的限制，例如，企业规定订单最长积压时间、每个月的最大加班时数、外协量最大百分比、最小安全库存等。综合计划的制订必须考虑这些约束，通过线性模型方法得出最优方案。

第三节　MTS 企业和 MTO 企业综合计划的编制

一、MTS 企业综合计划的编制

面向库存生产（MTS）也叫现货生产。其特点为：未收订单之前开始生产，其依据是准确的市场预测，产品完成后入库待销，要进行促销活动；可以提供多种产品，具有多个点的产品库存，供客户选择；企业自己把握制造的优先权，出产的提前期需要时间较少；在准确的时间完成交货，对于客户来说比较可靠。

对于 MTS 企业来说，确定月产率时，要考虑已有的库存量。例如，要提高产品库存资金周转次数，则末库存水平要低于期初库存水平。此时生产计划期内的月产量应该要比计划期内的销售计划的预测量要小一些。

面向库存生产（MTS）生产计划大纲初稿的编制要满足需求，保证一定的库存水平从而保持正常的供给水平，提高服务质量。提高服务水平的同时对生产制造成本、仓储成本、采购成本、加班成本等因素带来的影响也要认真思考。

面向库存生产（MTS）生产计划大纲初稿的编制步骤如下：

（1）分配预测需求量到计划期；

（2）计算期初库存水平：期初库存水平=当前库存-拖欠订货数；

（3）计算库存水平的变化：库存水平变化=目标库存-期初库存；

（4）计算总生产需求：总生产需求=预测数量+库存变化；

（5）将总生产需求和库存水平分配到计划期时段。

【例 5-3】假设某厂产品为自行车类，计划展望期 1 年，按月分时段。期末库存目标为 200 辆，当期库存为 600 辆，拖欠订单数量为 200 辆，年预测销售量为 2 400 辆，请编制生产计划大纲初稿。

第一步：分配预测量，按月划分，一共有 12 个月，总销量为 2 400 辆，平均分配，则每个月就是 200 辆。（销售预测见表 5-4）

表 5-4　销售预测表

	当期	1	2	3	4	5	6	7	8	9	10	11	12	全年
预测销售		200	200	200	200	200	200	200	200	200	200	200	200	2 400

第二步：计算期初库存。

期初库存=当期库存-拖欠订单=600-200=400（辆）

第三步：计算库存的变化。

库存变化=目标库存-期初库存=200-400=-200（辆）

第四步：计算生产总需求。

生产总需求=预测数量+库存变化=2 400+（-200）=2 200（辆）

第五步：把生产总需求均衡分配到月（见表 5-5）。

表 5-5　需求分配表

	当期	1	2	3	4	5	6	7	8	9	10	11	12	全年
销售预测		200	200	200	200	200	200	200	200	200	200	200	200	2 400
生产规划		180	180	180	180	180	180	180	180	180	180	200	200	2 200
期初库存	400													目标库存
预计库存		380	360	340	320	300	280	260	240	220	200	200	200	200

由此可知：

（K+1）时区的预计库存=K时区期初库存+（K+1）的生产数量-（K+1）销售

二、MTO 企业综合计划的编制

面向订单生产（Manufacturing-To-Order，MTO）产品设计完成，根据订单采购物料生产，通常是单件或小批量的订货，如造船、重型机械等。其特点是多品种、小批量、需求变更频繁、插单多。面向订单生产（MTO）生产计划大纲初稿的编制要使生产满足预测需求量和拖欠的订货量，以此来确定月生产量和年生产量。

编制目标：实现满足预测需求和未完成订单的月产量和年生产量，保持一定平稳的生产率。

考虑的因素：期初未完成订单量应按交货期分布在计划期内。

步骤：

（1）分配预测需求量到计划期；

（2）按交货日期把未完成订单数量分配到计划期内；

（3）计算未完成的订单的改变量：期末拖欠订货数-当前拖欠订货数；

（4）计算总生产需求：预测数量+拖欠订单变化；

（5）将总生产需求和库存水平分配到计划期时段。

【例 5-4】假设某厂产品为自行车类，计划展望期 1 年，按月分时段。其厂商期末还没做完的订单数量为 400 辆，当期没有做完的订单为 600 辆，预测未来一年的销售量为 1 800 辆。请编制生产计划大纲初稿。

第一步：分配预测量，按月划分，一共有 12 个月，总销量为 1 800 辆，平均分配，则每个月就是 150 辆（见表 5-6）。

表 5-6　销售预测表

	当期	1	2	3	4	5	6	7	8	9	10	11	12	全年
销售预测		150	150	150	150	150	150	150	150	150	150	150	150	1 800

第二步：按交货期分配未完成的订单。

第三步：计算未完成订单的变化量（见表 5-7）。

表 5-7　未完成订单分配表

	当期	1	2	3	4	5	6	7	8	9	10	11	12	全年
销售预测		150	150	150	150	150	150	150	150	150	150	150	150	1 800
未完成订单	640	80	80	80	80	80	80	80	80					

拖欠订单变化量=期末拖欠数−期初拖欠数=400−640=−240（辆）

第四步：计算总生产需求。

总生产需求=预测量−拖欠订单变化

$$=1\ 800+240=2\ 040（辆）$$

第五步：分配总生产需求（见表5-8）。

表5-8　需求分配表

	当期	1	2	3	4	5	6	7	8	9	10	11	12	全年
销售预测		150	150	150	150	150	150	150	150	150	150	150	150	1 800
未完成订单	640	80	80	80	80	80	80	80	80					期末未完成订单 400
预计未完成订单		620	600	580	560	540	520	500	480	460	440	420	400	
生产规划		170	170	170	170	170	170	170	170	170	170	170	170	2 040

本章小结

综合生产计划企业的年度生产大纲，是企业较长一段时间内生产计划的安排。本章主要介绍生产计划的定义、目标、任务，产品产出进度安排方法及原则，运用综合计划策略来平衡综合计划的主要目标之间存在的相悖特性，MTS企业和MTO企业综合生产计划编制的方法和步骤。

思考与练习

一、简答题

1. 综合计划的定义、目标、任务是什么？

2. 综合生产计划的策略有哪些？

3. 产品生产进度安排要求和编制方法有哪些？

二、思考题

1. 假设相连季度产量变化的成本指劳动力成本，为900元/单位，每一季度的库存费用为900元/单位，期初的生产能力为60单位。需求预测如表5-9所示。现有两种方案，一是调节库存（采用均匀策略），二是调节劳动（跟踪策略），哪种方案成本最低？

表 5-9　需求预测表

季度	1	2	3	4
需求量	40	35	50	45

2. 一汽车制造商，在未来一年的时间里，要求每月的产量较平稳，它的期末库存目标为 100 辆，当期库存为 400 辆，拖欠订单数量为 200 辆，年度预测销售量为 3 600 辆，请运用 MTS 企业和 MTO 企业编制综合生产计划的方法和步骤编制生产计划大纲初稿。

第六章

生产能力计划

通过本章的学习，了解生产能力概念、分类及其计量单位，理解能力计划的内涵，掌握在不同生产环境下的能力计算方法，学会编制工作中心的负荷报告。

第一节　生产能力

一、生产能力的概念

生产能力是指在计划期内，企业参与生产的全部固定资产，在既定的技术组织条件下，所能生产的产品数量，或者能够处理的原材料数量。生产能力的大小反映了企业的加工能力和生产规模。企业度量生产能力的方法根据企业类型的不同而不同，一般有以下几种：

（1）按照直接参与生产的固定资产来计算企业的生产能力。

固定资产指企业拥有的场地、设备和机器等各种资源，固定资产是企业赖以生产和经营的主要资产。在现代化的生产条件下，机器设备生产已经逐步替代传统手工生产方式。在手工业生产时代，企业的生产能力主要取决于工人的数量、技能的熟练程度以及协作的默契程度等。在现在的生产中，使用机器设备生产具有生产速度快、产量大、误差少等优点，企业的生产能力大部分取决于机器设备的数量、质量以及工人与机器设备的配合使用情况。

（2）按计划期内能够生产产品的最大数量来计算生产能力。

生产企业的生产时间期一般为年、月、日、班等，企业的生产能力也可以以某一个生产时间期内所能生产的最大产品数量来计算。

（3）按一定技术组织条件下的生产能力。

一定技术组织条件有两个含义：① 指因产品的结构或技术组织条件发生变化而使生产能力发生变化；② 指企业在正常条件下确定的生产能力，如电力、原料、燃料、动力等能够正常运行。按照正常条件下确定的生产能力才能够反映企业生产的实际情况，才能准确衡量企业的生产能力。

（4）按各生产环节和固定资产的综合生产能力。

企业生产的各种产品一般都要经过一系列的工序，以不同的工艺方法，在劳动者和机器设备的不同的分工协作下生产出来。在生产过程中需按一定比例在各个工序和工艺环节配备相应的固定资产，各环节的生产需通过劳动者的分工协作和机器加工来完成。各环节的生产能力因生产需求的不同而不同，所以，企业的生产能力是根据企业各个基本生产车间和辅助生产车间的各个生产环节以及各种固定资产在一定的需求时期内的综合生产能力来确定的结果。

二、生产能力的分类

企业的生产能力可以分为设计能力、实际能力和计划能力三种。

（1）设计能力。设计能力是指企业在规划建造厂房时就规划确定好的生产能力。设计能力的大小一般根据企业的生产规模、采用的机器设备和技术水平等条件来确定，这些条件通常和生产能力呈正比关系。不同的企业依据其自身的情况对设计能力的确定也不同，但通常而言，都要在企业建成并正式投产且熟悉和掌握生产技术后才能达到。

（2）实际能力。实际能力是指企业在现有的固定资产、生产技术水平和生产组织条件下所能达到的生产能力。实际能力反映了企业的实际生产水平。

（3）计划能力。计划能力是指企业计划在生产期内所能达到的能力。计划能力是企业综合考虑现有的生产条件和计划生产期内所能实现的生产技术和组织措施情况来计算的。

以上三种能力内涵不同，但对企业的生产发展都具有重要作用。设计能力是企业在设计时制订长期发展规划、安排基础建设、规划设施设备和技术改造的重要依据。实际能力和计划能力分别反映了企业当前和计划期内所能达到的实际能力，是企业制订生产计划的依据，也是平衡生产任务和生产负荷的依据。

三、影响生产能力的因素

影响生产能力的因素有很多，如产品品种数量、规格、结构的复杂程度，零部件的标准化和通用化水平，技术条件水平，机器设备的数量、性能及配套性，生产工艺方法，员工的素质，管理质量，生产组织形式，协作程度等。上述因素可总结为三大类：固定资产的数量、固定资产的工作时间、固定资产的生产效率。

（一）固定资产的数量

固定资产的数量指企业拥有的各种用于生产的机器、设备等资源的数量。它是根据企业的固定资产目录或者经过实地调查确定的，主要包括：正在运行的机器设备；安装、维修的机器设备；因生产任务不足或其他原因闲置的设备；准备在核定生产能力的时期内购进并投入使用的机器设备数量。不能修复或决定报废的、不能使用的设备、不配套的设备、封存待用以及备用的设备都不应列入生产能力的计算范围之内。

（二）固定资产的工作时间

固定资产的工作时间指机器设备的全部有效工作时间。

不同企业的生产工作时间不同，一般而言，在连续生产的情况下，年有效工作时间应按全年工作日历天数、每日班次和每班工作时间来计算。在间断生产条件下，全年有效工作时间是指除节假日和设备检修以外的时间。其计算公式为：

$$F_e = F_y H \vartheta_0 = F_y H(1-\theta) \tag{6-1}$$

或
$$F_e = F_y H - D \tag{6-2}$$

式中：F_e——设备全年有效工作时间，单位为小时；

F_y——设备全年制度工作日数；

H——每日制度工作小时数；

ϑ_0——工作时间利用系数；

θ——设备计划停修率；

D——设备停修小时数。

生产面积的全部利用时间的计算公式为：

$$T_m = M t_m \tag{6-3}$$

式中：T_m——生产面积时间利用总数；

M——生产面积数；

t_m——生产面积利用的延续时间数。

（三）固定资产的生产效率

固定资产的生产效率可用三个指标表示：单位产品的台时定额、单位机器设备的产量定额、单位时间单位面积的产量。

机器设备的生产效率可用单台机器设备在单位时间内的产量定额或者单位产品的台时定额来表示，台时定额即完成单位产品加工的时间消耗量标准，台时是指一台设备加工工件1个小时。台时定额的公式为：

$$台时定额 = \frac{车位工序时间定额}{设备定员人数}$$

二者互为倒数关系。计算机器设备的生产能力通常使用台时定额，它是平均先进定额，即介于平均水平与最先进水平之间，在一定时期内经过努力大多数人都能够达到的定额。随着技术的发展及工人技术熟练程度的提高，为了使生产力也得到相应的提高，现行定额要进行定期修订，一般一年修订一次。

设备的生产率定额，是计算生产能力最基本的因素。在设备的数量及工作时间总数一定以及设备正常工作的条件下，设备生产率定额决定了生产能力的大小。此外，其他因素如产品的数量、种类、结构、技术质量要求，加工工艺、工人的素质、生产技术组织等也对生产能力有着不同程度的影响，且难以确定和计算，因此需要确保以上因素的稳定。尤其是工人的素质，因为设备的运转工作必须在工人的操作和监控下进行，工人的素质对设备的生产率定额影响很大。因此，要提高设备的生产率定额，企业必须努力培养员工的良好素质，提高员工的技能水平和业务能力。

可以看出，影响固定资产的生产效率因素很多，它不仅受固定资产本身技术条件的影响，还受产品品种、质量、结构、生产组织和员工素质等因素的影响。因此，要正确计算固定资产的生产效率，需要对各种影响因素进行综合客观分析。

四、生产能力的计量单位

（1）用具体产品表示。可用具体产品的定额工时或产量定额来表示企业的生产能力。这种方式适用于产品品种单一、大批量生产的企业。

（2）用代表产品表示。从企业生产的产品当中选择产量大的、在产品结构上和工艺过程中具有代表性的一种产品作为代表。企业的生产能力可以用代表产品的产量来表示，其他产品的产量则换算成以代表产品来表示的产量。代表产品法适用于多品种中成批生产的企业。

（3）用假定产品表示。若企业生产的产品种类过多，且产品的结构、工艺和劳动量相差较大时，可按各具体产品产量比重虚构出一种产品，其他产品的生产能力都折算成以假定产品为单位表示的生产能力，这样，企业的生产能力就可以用该产品来表示。

五、生产能力的计算

在确定了企业的生产方式、生产节拍和生产组织形式之后，就需要对生产能力进行计算量化，使企业能够平衡生产任务和生产能力。不同的企业有不同的生产能力计算方式，下面分不同生产情况来进行说明。

（一）流水线生产能力的计算

大批量生产的企业，大多以流水线的方式组织生产，其生产能力按每条流水线计算，计算公式如下：

$$M_{流} = \frac{F_e}{R} \tag{6-4}$$

式中，$M_{流}$——流水线生产能力；

F_e——计划期内流水线有效工作时间，单位 min；

R——流水线节拍，单位 min。

（二）连续开动设备的生产能力

这类设备如高炉、冲床、增压锅等，其生产能力的计算公式如下：

$$M_{流} = W(1-\partial)\frac{F_e}{t_{周}} \tag{6-5}$$

式中，$M_{流}$——连续开动设备的生产能力；

W——设备一次加工原料的质量，即设备的容量；

∂——原料加工损失系数；

F_e——计划期设备有效工作时间，单位 h；

$t_{周}$——熔炼周期，单位 h。

（三）设备组生产能力的计算

1. 生产单一产品的设备组的生产能力的计算

当设备组仅生产一种产品时，生产能力计算公式如下：

$$M = \frac{SF_e}{t} \tag{6-6}$$

式中，M——某设备组的生产能力；

F_e——单台设备的有效工作时间，单位 h；

S——设备组内的设备数；

t——单位产品所需设备的台时数，单位 h。

2. 批量生产多种产品的设备组生产能力的计算

（1）标准产品法。标准产品法指在生产的同类产品中选择在产品结构、工艺和劳动量等方面都比较标准的产品作为标准产品，再按一定的标准把其他同类产品换算成标准产品，这样就可以在单一产品生产条件下来计算设备组的生产能力。

（2）代表产品法。代表产品法就是在企业生产的多品种产品中，选出在产量、结构和劳动量构成都具有代表性的产品，以代表产品为计算单位计算设备组的生产能力，其他产品同样换算成以代表产品为计量单位表示的生产能力。代表产品法的计算步骤如下：确定代表产品，计算代表产品的单位生产能力、计算其他产品的生产能力；将其他产品的产量通过换算系数换算为代表产品的产量。换算系数的工公式为：

$$K = \frac{t}{t_0} \tag{6-7}$$

式中，t 为具体产品台时定额；t_0 为代表产品台时定额。

【例 6-1】某厂生产 A、B、C、D 四种产品，其计划产量分别为 300 台、150 台、200 台、70 台，各种产品在机械加工车间车床组的计划台时定额分别为 60 台时、70 台时、90 台时、60 台时，车床组共有车床 12 台，两班制，每班 8 h，设备停修率 10%，试求车床组的生产能力。（每周按 6 天工作计算）

解：确定 C 为代表产品，计算以 C 为代表产品表示的生产能力：

$$M = \frac{SF_e}{t_0} = \frac{(365-52) \times 2 \times 8 \times (1-0.1) \times 12}{90} = 600 \text{（台）}$$

将代表产品 C 的产量，换算为其他产品的产量，换算过程及结果见表 6-1。

表 6-1　换算过程表

产品名称	甲	A	B	C	D	合计
计划产量	①	300	150	200	70	
单位产品台时定额	②	60	70	90	60	
换算系数	③	0.7	0.8	1.0	0.7	
折合为代表产品产量	④=①×③	210	120	200	49	579
折合后各产品的产量占全部产品的比重	⑤=④÷560	0.36	0.21	0.35	0.08	1
代表产品的生产能力	⑥			600		
其他产品的生产能力	⑦=⑤×⑥÷③	308	157	210	68	

结果分析：由表 6-1 可知，企业的生产能力大于生产任务，能够保证生产任务按期完成。当生产任务大于生产能力时，在不增加生产能力的情况下，需要调整生产任务以平衡生产能力，这样才能保证生产任务的顺利完成。

（3）假定产品法。当企业产品品种过多且产品的结构和工艺差别较大时，可以用假定产品法，由每种产品的单件工时乘以该产品的加工劳动量比重构成一个假定的产品，以假定产品为计量单位计算设备组的生产能力。其计算公式如下：

$$M_{假} = \frac{SF_e}{t_{假}} \tag{6-8}$$

式中，$M_{假}$——以假定产品表示的某设备组的生产能力；

F_e——单台设备的有效工作时间，单位 h；

S——设备数；

$t_假$——生产一个假定产品所需该种设备的台时数，单位 h。

$$t_假 = \sum_{i=1}^{n} t_i \times \theta_i \qquad (6\text{-}9)$$

式中，t_i 为第 i 种产品的台时定额；θ_i 为第 i 种产品的产量占总产量的比重。

假定产品法的计算步骤：首先计算每种产品的产量比重，然后计算单位假定产品的台时定额，并以假定产品为单位计算生产能力，最后，换算为用实际产品为单位表示的生产能力。

第二节　生产能力需求计划

一、生产能力需求计划的概念和基本原理

当一个企业制订了某一时期的生产计划之后，必须对该计划进行检验，以确定企业的生产能力是否满足生产计划的需求，也就是能力需求计划问题。为此，需要对企业的生产能力进行计划，其目的就是要平衡生产能力和生产需求，一旦生产能力过小就无法满足生产需求，导致利润和机会的损失，反之，若生产能力过大则会导致设备的闲置以及资金的浪费等。因此，要使企业能够获得更多的利润，减少资源浪费，在生产指令下达前需制订良好的能力计划。

生产能力需求计划（Capacity Requirements Planning，CRP）就是对生产过程的各个环节和每种物料所需要的生产能力进行精确计算，得出产品的定额工时和设备、人力等资源的负荷情况，在保证不超过人力负荷和设备负荷的条件下，合理安排生产。

图 6-1 为能力需求计划的基本原理图。能力需求计划由物料需求计划、工艺文件和设备文件共同导出，一般成熟的企业，其生产工艺和设备参数都是比较确定的，能力需求计划的形成主要依据是物料需求计划的输出，如原材料加工计划、产品工艺文件等。能力需求计划主要输出为负荷图和能力分析报告，根据负荷图和能力分析，由工作中心来对现有的生产能力进行调整。若生产能力不足，可通过调整设备或人员分配以及调整负荷量来使生产能力满足生产需求，如增加设备、加班、外包或者购买其他产成品等。如果有特别需要还可以对主生产计划进行适当调整。

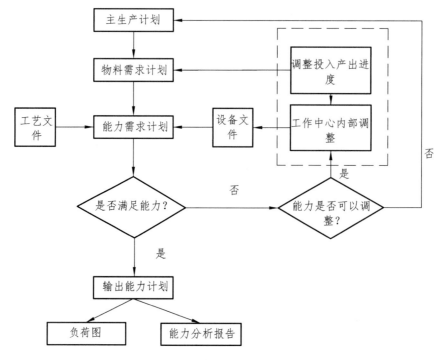

图 6-1　能力需求计划原理图

二、生产能力需求计划的编制

（一）工作中心的定义

工作中心是一个广泛的定义，是机器、人和设备等各种生产或者加工单元的总称，它可以是一台设备或者多台设备，可以是一条生产线或者一个班组，或者是某个生产车间等。定义工作中心是为了能够对生产能力进行更好的管理和分配，从而平衡生产任务和生产负荷，保证生产的有序进行。因此，工作中心的划分应起到以下作用：平衡生产能力与生产负荷的基本单元、车间任务分配和编排详细生产进度的基本单元、计算加工成本的基本单元。

（二）编制工作中心负荷报告

在离散型制造企业中，通常以工作中心为基本单位进行生产负荷的统计，因此在能力需求计划的编制上主要编制工作中心的负荷报告。在编制工作中心负荷报告前，要先对需要输入的数据进行收集、整理，这些输入数据主要包括已下达的生产订单、物料需求计划文件、工艺文件、设备文件和生产日历等。数据收集完成之后就可以开始编制工作中心负荷报告，主要有以下三个步骤：

1. 编制工序计划

通常以倒序排产的方法进行编制，即从订单交货期开始进行倒推，减去传送、加工、排队和准备时间来确定工艺路线上各个工序的开工时间。如图6-2所示，从交货期开始倒推，如果倒推到最开始的日期是一个已过期的开工日期，即该日期可能已经被其他订单占用或者是停工期间。这时，为了能够按照交货期交货，企业应该重新对订单进行规划或者压缩提前期保证交货，如果不行则只能与顾客沟通，将订单量减少或者延迟交货期。

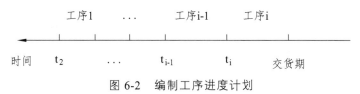

图6-2 编制工序进度计划

【例6-2】产品A需要工作中心1和工作中心2进行加工，包括两道加工工序。工作中心1和工作中心2排队时间分别为1天和2天，传送时间均为1天。产品A的订货量是60，交货期是第200天。准备时间和加工时间如表6-2所示。

表6-2 准备和加工时间

加工工序	工作中心	准备时间/h	单件加工时间/h
工序10	1	12	1
工序20	2	6	0.5

解：① 计算各道工序的加工时间

工序10加工时间：60×1 h=60 h

工序20加工时间：60×0.5 h=30 h

② 计算各道工序的负荷

工序10的负荷：（60+12）h=72 h

工序20的负荷：（30+6）h=36 h

③ 进行单位转换

标准工作时间=额定工作时间×利用率×效率=8 h/d×0.85×0.88=6 h/d

工序10的加工时间=60 h÷6 h/d=10 d；准备时间=12 h÷6 h/d=2 d

工序20的加工时间=30 h÷6 h/d=5 d；准备时间=6 h÷6 h/d=1 d

④ 得到工序计划如表6-3所示：

表6-3 工序计划表

工序号	工作中心	到达日期	排队时间/d	准备时间/d	加工时间/d	传送时间/d	完工日期
10	1	177	1	2	10	1	191
20	2	191	2	1	5	1	200

2. 计算工序负荷

工序负荷主要包括加工时间和准备时间两部分内容。工序的加工时间等于计划期内需要在该工序上加工的所有物料单件工时定额与其生产数量乘积之和。

3. 计算工作中心负荷，编制负荷报告

计算工作中心的负荷，就是将各个工作中心所有的订单所需的全部负荷工时加起来。而各工作中心的订单又分为已经下达的订单和计划订单。已下达订单所需的工时为已下达负荷工时，计划订单指 MRP 生成的等待加工订单，计划订单的负荷工时也要算入全部负荷工时，称计划负荷工时。制作工作中心负荷图，需按时区将工作中心的所有已下达订单和计划订单的准备时间和加工时间相加。工作中心 2 的负荷报告表如表 6-4 所示。

表 6-4　工作中心 2 负荷报告表

	时区/周					总负荷/h
	1	2	3	4	5	
下达负荷工时/h	75	100	120	90	100	485
计划负荷工时/h	150	0	40	50	140	380
总负荷工时/h	225	100	160	140	240	865
可用能力/h	180	180	180	180	180	
能力负荷差异/h	-45	80	20	40	-60	
能力利用率/%	125	56	89	78	133	

注：工作中心号：2
　　工作中心描述：机床
　　设备能力：200 h/时区
　　劳动能力：180 h/时区
　　工作中心能力=180 h/时区（劳动能力<设备能力）
　　能力负荷差异=可用能力-总负荷
　　能力利用率/%=（总负荷/可用能力）×100%

根据工作中心的负荷报告，绘制负荷图，如图 6-3 所示：

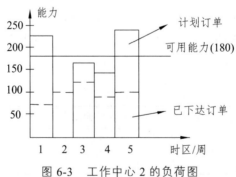

图 6-3　工作中心 2 的负荷图

结果分析：超负荷或者负荷不足都会使企业产生问题。如果超过负荷，企业应该增加生产能力，如安排加班、重新安排工艺路线和转包生产等。如果负荷不足则会使企业增加作业费用，这时应该分批生产、减少准备提前期、调整订单等。引起能力不平衡的原因也可能是主生产计划有疏漏，这时相关管理人员可适当调整主生产计划。

三、生产能力的利用率

生产能力的利用率也叫设备的利用率，是指一定时期内生产产量与生产能力的比率，也可以理解为设备实际被占用的能力与设备现有的能力之比，其表达式为：

$$利用率 = \frac{生产产量}{生产能力} \times 100\%$$

其中，生产产量和生产能力所用的单位必须一致。例如，一个汽车厂年生产能力为 30 万辆，实际年产量只有 24 万辆，则利用率为 80%。

一般而言，企业的能力利用率不是百分百，而是留有一定的富余，以应对生产过程中可能发生的各种影响生产能力的问题。该富余量也称为能力的缓冲，其公式为：

$$能力缓冲 = 1 - 利用率$$

缓冲量的大小具有不确定性，随企业性质的不同而不同，最适合的缓冲量应根据企业的具体情况而定。在制造型企业中，因为可以通过库存和加班来调节产能，因此可以将缓冲量设置得低一些；在一些服务型企业中，因顾客的随机性较大且不能通过库存来调节，为了满足顾客的需求，需要重视缓冲量的设置。在资本集约度较高的企业中，设备造价昂贵，因此能力缓冲量通常较小，小于 10%。但是，当生产的灵活性较小且需求的不确定性又较大时，较大的缓冲就是必要的。

四、规模效应在生产能力计划中的运用

规模效应又称规模经济，是指通过增大生产规模来降低成本，从而提高经济效益。一般认为，生产的规模越大，固定成本和投资费用就能分摊到更多的产品中，从而降低成本；但是，生产的规模过大可能会导致生产信息传输慢或者造成信息失真，不利于管理协调等，从而引起间接成本和管理难度的增加，生产效率也有可能降低，从而变成了"规模不经济"。

在制订能力计划时，除了考虑规模效应外，还应该重视生产运作水平问题。虽然成本会随着生产规模的扩大而增加，但是在每一规模之下会有一个最优的运作水平，在生产规模和运作水平都比较接近的情况下，才能达到最优经济规模，企业才能获得相应规模下的最大经济效益。

五、生产能力扩大的时间与规模

当企业面临需要扩大生产能力的问题时，何时扩大与扩大多少是企业考虑的主要问题。一般有三种能力扩大的策略：积极策略、消极策略和中间策略。如图 6-4 所示，积极策略的能力扩大时间超前于需求，每次扩大的规模较大且时间间隔较长；消极策略的能力扩大时间滞后于需求，每次扩大的规模较小、但扩大次数较多，每次扩大时间较短，中间策略介于二者之间。

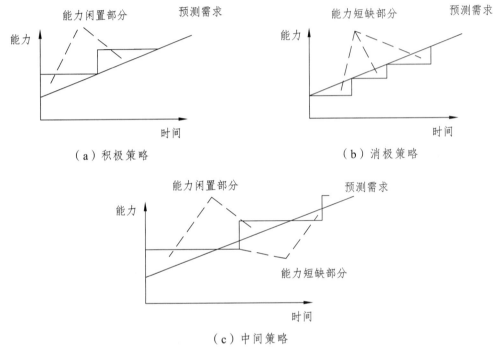

图 6-4 能力扩大的时间和规模

能力扩大的时间和规模实际上是相关联的，当需求增长一定时，扩大间隔若长，每次的扩大量也必然大，反之亦然。积极策略的能力扩大时间超前于需求，在保证了生产能力和机会的同时也会带来较大的缓冲。消极策略的能力扩大时间滞后于需求，滞后的能力不足部分可以采取临时措施来弥补，如加班、外包、使用安全库存等，但是加班需要支付额外的加班费，外包的成本也较高，使用安全库存会降低生产的协调性和稳定性。

三种能力扩大策略在不同企业不同的生产情况下有不同的作用，选择什么样的策略来扩大能力应根据企业的具体情况来定。当企业的学习效应较强、规模效应有优势时，积极策略就是非常有利的，它可以使企业降低成本，获得价格上的竞争优势，同时还可以扩大市场占有率。消极策略是一种保守型策略，其风险性较小，例如，对需求过于乐观的估计，技术的重大变化使现有设备报废，以及其他难以预测的因素带来的风险，消极策略可使这样的风险变小，适合很多不愿意冒风险的中小企业。因为他们只是通过效仿其他成功企业的做法，用尽量提高投资回收率等方法来维持企业的生存和发展，但长此以往，会使其市场占有率降低，逐步面临淘汰。

第三节　生产能力计划的决策方法

一、估计未来生产能力需求的方法

生产能力计划是在主生产计划和物料需求计划下达之后才开始制订的，而在这之前，还需要对市场需求进行预测，当预测了一定的市场需求后才能对未来的能力需求进行预测。需求预测可以是短期的和长期的，短期预测的影响因素较少且需求较为稳定，所以误差较小；长期预测因时间段较长，且预测过程中受到各种因素变化的影响，如技术变化、竞争关系变化等，导致需求难以预测，会产生较大误差，因此必须综合考虑。

对市场需求的预测必须转变为可以表示生产能力表示的度量。在制造业企业中，生产能力通常可利用的固定资产的数量（设备数量）来表示，在这种情况下，计算人员必须把市场需求变换成所需的设备数。下面列举一种把市场需求转换为设备数量的方法。

首先，通过下式计算每年所需的设备小时数：

$$R = \sum D_i P_i + \sum \frac{D_i}{Q_i} S_i, \ (i = 1, 2, \cdots, n) \tag{6-10}$$

式中　R——每年所需的全部设备小时数；

　　　D_i——每年所需的产品 i 或服务 i 的数量；

　　　P_i——产品或服务 i 所需的加工（处理）时间；

　　　Q_i——产品 i 每批的加工数量；

　　　S_i——产品 i 的标准的作业交换时间；

　　　n——产品或服务的种类数。

接下来，计算每台设备可提供的工作小时数。这首先需要计算该设备的总工作时数 N，这可以用下式来计算：

$$N = 工作时数/天 \times 工作日/年$$

N 是理论上的总工作时数，还需要再考虑到设备的实际利用率，可利用缓冲量来进行调整：

$$H = N(1 - C) \tag{6-11}$$

式中　H——某设备一年可提供的实际工作时数；

N ——某设备一年的理论工作时数；

C ——缓冲量（用百分比来表示）。

第三步，算出所需设备数：

$$M = \frac{R}{H} \tag{6-12}$$

二、生产能力计划的决策步骤

生产能力计划的决策步骤一般有以下四个：

（1）估计未来的能力需求；

（2）确定需求与现有能力之差；

（3）制订候选的能力计划方案；

（4）评价每个方案，做出最后选择。

其中，步骤（1）的估计未来能力需求的方法已在前面讨论过，下面讨论其他三个步骤的方法。

1. 计算需求与现有生产能力之差

由于订单和市场等其他不确定性的因素，预测的生产需求与生产能力往往是有一定差额的。差额为正数，则需要扩大能力。要注意的是，能力的调整还需要考虑到各工序的平衡。因为当生产环节很多、工序很多时，各个环节的生产能力往往不一致，既有富余环节又有瓶颈环节。在一定程度上来说，瓶颈环节决定了企业的整体生产能力，必须保障在瓶颈环节上有足够的生产能力，同时也要有合理分配和利用其他环节的能力。

2. 制定候选方案

当需求与生产能力产生偏差时，需要制定候选的解决方案。当生产能力需要扩大时，最简单的一种是：不考虑生产能力扩大，任由这部分顾客或订单失去。其他方法包括前面提到积极策略、消极策略或中间策略，还有使用加班加点、外包等临时措施。

3. 评价每个方案

评价方案有定量评价和定性评价两种方法。定量评价主要是从财务的角度比较各种方案预计带来的收益，使用的主要方法有盈亏平衡法、净现值法、投资回收率法等。定性评价主要评价不能从财务角度来判断的其他因素，比如，是否与企业的发展战略方向符合，对竞争力的影响，对产品质量的影响等。在进行定性评价时，可用假设的方法做出假设，比如做出最坏的假设：需求远小于预测值，竞争更激烈，加工时间更长等；也可以给出最好的假设。当然，最好的情况是企业根据已有经验来进行假设，将预测的误差控制在一定范围内。通过这些不同的假设来选择更好的投资方案。

三、生产能力计划的辅助决策工具——决策树

制订长期能力计划需要知道未来某个时期的需求预测。但是，由于预测的时间跨度较大，同行竞争和某一时期内的需求并不是均匀分布等，导致预测结果的准确性低。因此，能力计划的决策往往是在对具有不确定性的未来需求进行估计的情况下做出的。在这种情况下，决策树是一种较好的辅助决策工具。

决策树是由各个候选决策方案和每个方案所可能产生的结果所组成的一个图解式模型。这个模型包括了一系列的节点和从节点延伸出来的分支，如图 6-5 所示。从左向右读该模型，各节点和分支的含义如下：

（1）方形节点为决策节点，决策点向右方的分支表示候选方案。

（2）圆形节点为候选方案，其右边连接的是各个随机事件。各个事件发生的概率之和应为 1。

（3）在事件分支的右方如果有进一步可候选的方案，则重复步骤上述两个步骤；如果没有，则得到经营结果。该经营结果表示的是：选择该分支上的候选方案并发生该分支上的事件时，可能带来的经营结果。经营结果可以用利润或成本表示，也可以用其他影响决策的主要因素来表示。

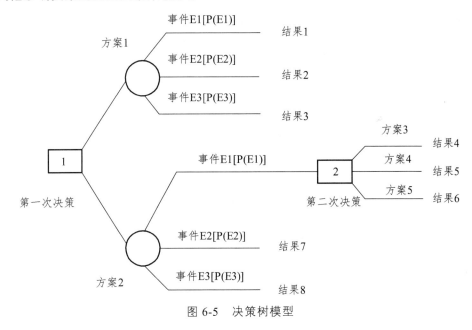

图 6-5　决策树模型

画好决策树之后，求解则应从右向左进行：

（1）事件节点的经营结果期望值等于每一事件的经营结果乘其概率，再求和，即：

$$事件节点的经营结果期望值 = \sum 事件经营结果 \times 事件概率$$

（2）在决策节点，选择经营结果最好的候选方案为被选择方案。如果一个决策点

向左通向一个事件节点，则该决策点选择的最好经营结果作为该事件的经营结果。

（3）未被选中的事件应划两条小短横线表示去除。决策点所得到的经营结果最后只与一条分支相连。

（4）重复上述步骤，直至到达最左边的决策点。最后未被去除的分支就表示最好的选择方案。

四、生产能力计划决策与其他决策之间的关系

能力计划决策与其他决策，如战略决策、系统设计决策以及日常运行决策等均有密切的关系。例如，当企业要对设施选址、资源分配、库存管理方法等问题进行决策时，往往也必须考虑能力缓冲量的改变问题。

（1）生产能力决策与企业竞争重点之间的关系：如果竞争重点放在快速交货、缩短交货期之上，那么应该有较大的缓冲，以实现快速响应需求的变化。反之，如果竞争重点是低成本，则应尽量使能力的利用率增大，缓冲变小。

（2）生产能力决策与设施规划决策之间的关系：能力扩大通常总要伴随设施扩大或重选新址问题。反过来，当一个企业具有多处生产基地时，在削减生产能力时还必须决定废弃哪个基地。比如美国通用汽车公司在削减它的生产能力时就曾面临关闭几所工厂的决策问题，必须决定是关闭那些设备陈旧、年代已久，但工人训练有素、经验丰富且劳资关系较好的老工厂，还是放弃那些设备较先进但劳资关系不太好的新工厂。

（3）生产能力决策与系统日常运行决策之间的关系：例如，库存策略，当库存水平控制得较低时，设定较大的生产能力缓冲可帮助解决需求高峰时满足需求的问题；当作业现场的作业排序、人员分配变动不太大时，只需要较小的缓冲即可。

本章小结

生产能力是反映企业规模和加工能力的一个技术参数，生产能力的大小取决于企业的固定资产数量、工作时间和生产效率，以及员工的数量、协作程度和工作中心的调整等。制订能力计划是平衡生产任务和生产能力的重要手段，是企业生产计划管理模块的一个重要环节。

思考与习题

1. 什么是生产能力计划？
2. 当生产能力不足和生产能力有余时，应当分别采取哪些措施？
3. 估计未来生产能力需求的方法有哪些？

4. 如何编制工作中心的负荷报告？

5. 在制订生产能力计划时，除了考虑规模效应外，还应该注意什么问题？

6. 已知某厂铸钢车间有一台炼钢炉年有效工作时间为 6 000 小时，熔炼周期为 500 小时，炼钢炉熔量是 6 吨，根据统计分析资料确定钢水损失系数为 25%，求炼钢炉年生产能力。

7. 某厂生产 A、B、C、D 四种产品，各产品的计划年产量及各种产品在车床组的台时定额如表 6-5 所示：该车床组共有 16 台设备，每一台设备全年有效时间为 4 160 小时，试以假定产品法计算该车床组的生产能力。

表 6-5　计划年产量与台时定额表

产品	台时定额	计划年产量
A	25	900
B	25	600
C	40	300
D	15	1 200

8. 某公司生产 A、B、C、D 四种产品，其计划产量分别为 200 台、100 台、150 台、90 台，每种产品的计划台时定额分别为 50 台时、70 台时、60 台时、80 台时，该公司车间有车床 10 台，每周工作 5 天，每天运行 16 h，车床利用率为 90%。试用代表产品法求生产能力并进行能力平衡分析。

第七章

生产车间作业计划与控制

学习目标

通过学习本章内容，了解生产车间作业计划的基本概念、生产车间作业排序和控制方法、了解排序问题通用模型 Conway、n 个作业单台/两台工作中心、排序问题拓展算法等内容，了解车间作业执行与控制活动及方法。

通过了解生产车间作业计划与控制这一基本功能，研究改善各生产要素组织能力，进而提高企业的生产效率和经济效益。

第一节　生产车间作业计划与控制概述

一、基本架构与目标

（一）基本架构

生产车间作业控制活动是物料需求计划的执行层次，包括订单排序、等候线管理、输入输出的控制、订单调度、生产活动及反馈。其作业结果要反馈至物料需求计划和细能力计划层次，达到预先控制的目的，保证物料需求计划和能力计划的可行性。

（二）生产车间作业控制的目标

生产车间作业计划是车间生产的可执行的具体计划，规定工件工艺路线、加工设备、加工开始与结束时间等。生产控制以生产计划与作业计划为决策前提，检查落实好生产计划，发现偏差时及时纠正来实现计划的目标。通过车间作业计划与控制，企业达到这些目标：

（1）满足交货期要求。

（2）降低在制品库存。

（3）缩短平均流程时间。

（4）提供准确的作业状态信息。

（5）提高设备或人的利用率。

（6）减少调整准备时间。

（7）降低生产和人工成本。

二、生产车间作业计划的功能

为保证在交货期内向客户提交产品，在生产订单下达到车间时，需要将订单、设备和人员分配到各工作中心。生产作业计划和控制功能主要有：① 确定订单顺序，即确定订单优先级，称为排序；② 对已排序的作业编排生产进程，即调度；③ 对车间作业的输入和输出两端控制。车间的控制功能主要包括：① 作业进程中检查其状态和控制作业的进度；② 及时督促完成关键作业。

生产车间作业计划员来完成生产车间作业计划与控制，其决策主要依据这些因素：生产作业方式和生产作业加工顺序，工作中心上的执行状况及生产作业排队情况，生产作业的排序性等。

三、生产车间作业计划与控制的影响因素

生产计划制订后，将生产订单以加工单的形式下达到车间，加工单最后发到工作中心。对物料或零组件来讲，有的经过单个工作中心，有的经过两个或三个、多个工作中心，经过的工作中心复杂程度不一，直接决定了生产车间作业计划和控制的难易程度，这种影响因素有很多。在生产作业计划和控制过程中，通常要考虑下列因素的影响：① 生产作业到达方式；② 生产车间机器的数量；③ 生产车间的人力资源；④ 生产作业移动方式；⑤ 生产作业的工艺路线；⑥ 生产作业在各工作中心的加工时间和准备时间；⑦ 生产作业的交货期；⑧ 批量的大小；⑨ 不同的调度准则和评价目标。

四、车间作业计划与控制的信息源

生产车间计划文件和车间控制文件是车间作业计划与控制的主要文件。生产计划文件包括：① 项目主文件，其记录全部零部件的信息；② 工艺路线文件，其记录零件的加工顺序；③ 工作中心文件，其记录工作中心的数据。另外控制文件主要包括：① 车间任务主文件，为生产任务提供记录；② 车间任务详细文件，记录车间任务所需工序；③ 从工作人员得到的信息。

第二节　车间作业排序

一、排序的目标

排序，即确定工件在机器上的加工顺序，实际上就是要解决如何按时间的先后，将有限的人、物资源等分配给不同工作任务，提高机器和工人的利用率。下图 7-1 可以解释以上概念。

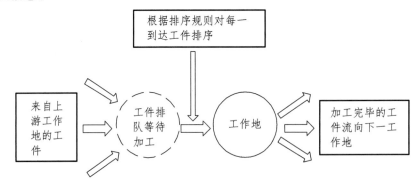

图 7-1　排序的概念

其中作业排序通常要达到以下目标：

（1）满足顾客或下一道作业的交货期。

（2）极小化流程时间。

（3）极小化准备时间或成本。

（4）极小化的在制品库存。

（5）极大化设备或劳动利用。

二、排序和计划的关系

作业计划与排序不是同义语。作业计划是安排零部件的出产数量、设备以及人工使用、投入时间和产出时间，排序只是确定工件在机器上的加工顺序，可以通过一组工件代号的一种排列来表示该组工件的加工顺序。而编制作业计划，则不仅包括确定工件的加工顺序，还包括确定机器加工每个工件的开始时间和完成时间。因此，只有作业计划才能指导工人的生产活动。

编制作业计划与排序的概念和目的都是不同的，但是编制作业计划的主要工作之一就是要确定最佳的作业顺序，而且在通常情况下都是按最早可能开、完工的时间来编排作业计划。因此，给作业任务排好序也就确定了作业计划。"排序"和"编制作业计划"一般可以通用。

三、排序问题的分类与表示法

排序问题有以下分类方法：

（1）按机器种类和数量分类：单台机器排序问题和多台机器排序问题。

（2）按零件加工路线特征分类：单件作业排序问题和流水作业排序问题。

（3）按零件到达车间的情况分类：静态排序问题和动态排序问题。

（4）按目标函数的性质不同分类：单目标排序问题和多目标排序问题。

（5）按参数的性质分类：确定型排序问题和随机型排序问题。

（6）按实现的目标分类：单目标排序和多目标排序。

排序问题需要建立合适的模型，Conway 等人建立了排序问题的通用模型，该模型可以描述任何排序问题。

Conway 的表示方法：$n/m/A/B$

其中：

（1）n——零件数；

（2）m——机器数；

（3）A——车间类型，若标以 "F"，代表流水作业排序问题，工件的加工流向一致；标以 "P" 代表流水作业同顺序排序，所有零件在每台机器上的加工顺序相同；标以 "G" 代表一般单件作业排序问题。$m=1$ 时，则 A 处则不填。

（4）B——目标函数。通常是使其值最小。

比如 $n/2/P/Cmax$ 表示 n 个零件经过 2 台机器加工的流水作业排列排序问题，目标函数是使最长完工时间最短。

四、作业排序的约束条件

作业排序受到高层决策的两个约束：必须完成下达的作业任务和短期内生产资源的约束。同时还要考虑制造工艺上的约束，不能违反作业的先后顺序以及其他工艺的强制性要求。至于操作人员缺勤、设备发生故障、材料缺料、在制品库存的时间和场地的限制等，不在这里考虑。

五、作业排序的优先规则及其评价

（一）n 个作业单台工作中心的排序

n 个作业单台工作中心的排序问题，即 $n/1$ 问题，当多个作业任务在一台机器完成时属于该排序问题。模型如图 7-2 所示，图中 J_i 表示作业（$i=1, 2, \cdots, n$）。

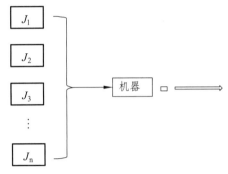

图 7-2　n 个作业单台工作中心的排序模型

n 个作业单台工作中心的排序目标如下：

1. 平均流程时间最短

控制 n 个作业经过一机器的平均流程时间最短。若已排定顺序，则任何一个作业，假定作业排在第 k 位，流程时间为 $Fk = \sum_{i=1}^{k} p_i$，P_i 表示作业 i 的加工时间；总流程时间为全部作业对应的流程时间总合即 $\sum_{k=1}^{n} F_k$，全部作业的平均流程时间为：

$$\overline{F} = \frac{\sum_{k=1}^{n} F_k}{n} = \frac{\sum_{k=1}^{n} \sum_{i=1}^{k} P_i}{n} = \frac{\sum_{i=1}^{n} (n-i+1)P_i}{n} \qquad （7\text{-}1）$$

目标函数为平均流程时间最短即 $\min \overline{F}$，即式（7-1）中的分子最小，式（7-2）可以写成：

$$\min[nP_1 + (n-1)P_2 + (n-2)P_3 + \cdots + 2P_{n-1} + P_n] \qquad （7\text{-}2）$$

2. 最大延迟时间、总延迟时间最小

单个工作中心的延期时间为 T_i，如果以最大延迟时间为最小，则其目标函数为：

$$\min T_{\max} = \max\{T_i\} \quad (i = 1, 2, \cdots, n)$$

若以总延迟时间为最小，则目标函数为：

$$\min \sum T_i$$

进行作业排序，需要利用优先调度规则，这些规则比较适用于以工艺专业化为导向的场所。常用的排序规则有以下几种。

（1）作业排序的优先规则的介绍。

① 先到先服务（First Come First Served，FCFS）。

根据订单到达加工中心的先后顺序执行加工作业，先到先加工。

② 最短作业时间（Shortest Operation Time，SOT）。

也称最短加工时间，优先安排加工时间最短的工序。

③ 剩余松弛时间（Slack Time Remained，STR）。

剩余松弛时间是将在交货期前所剩余的时间减去剩余的总加工时间所得的差值，剩余松弛时间值越小，越有可能拖期，故 STR 最短的任务应最先进行加工。

④ 每个作业的剩余松弛时间（STR/OP）。

STR/OP 表示平均每个作业的剩余时间，这种规则不常用，因为该规则计算的每个作业剩余松弛时间只是一个平均的松弛时间，而实际每个作业的剩余松弛时间应该是不同的。

⑤ 最早到期日（Earliest Due Date，EDD）。

根据订单交货期的先后安排顺序，交货期最早应先加工。

⑥ 紧迫系数（Critical Ratio，CR）。

CR=（到期日-现在日期）/正常制造所剩余的提前期

CR 的值有以下情况：

CR<0，说明已经延期。

CR=1，说明剩余时间刚好够用。

CR>1，说明剩余时间有富余。

CR<1，说明剩余时间不够。

紧急系数越小，其优先级越高，所以紧急系数最小的任务先进行加工。

⑦ 最小作业数（Fewest Operations，FO）。

根据剩余的作业数来安排订单顺序，作业少的应排少的等待时间。

⑧ 后到先服务（Last Come First Served，LCFS）。

后来的订单放在上面，操作人员通常先处理上面的订单。

（2）优先规则的评价。

上述排序的规则适用于若干作业在一个工作中心上的排序，这类问题被称为 "n 个作业—单台工作中心的问题" 或 "$n/1$ 问题"。排序问题的难度会随工作中心数量增加而变大，并不是随作业任务数量增加而增大，所以 n 须是有限的数。

【例 7-1】有 5 个任务在一台机器上加工，5 个任务的到达顺序依次为 A、B、C、D、E。采用 FCFS 规则、SOT 规则、EDD 规则、LCFS 规则进行排序，并对排序的结果进行比较分析。

相关数据如表 7-1 所列：

表 7-1　5 个订单的原始数据

任务（已到达的顺序）	加工时间/天	交货期/天
A	3	5
B	4	6
C	2	7
D	6	9
E	1	2

解：方案一利用先到先服务 FCFS 规则，其流程时间的结果如表 7-2 所示。

表 7-2　先到先服务的计算结果

加工顺序	加工时间/天	交货日期/天	流程时间/天
A	3	5	0+3=3
B	4	6	3+4=7
C	2	7	7+2=9
D	6	9	9+6=15
E	1	2	15+1=16

总流程时间=3+7+9+15+16=50（天）

平均流程时间=50/5=10（天）

将上述表格的交货日期与其流程时间比较，发现 A 的流程时间在交货日期范围内即其能按要求交货，则任务 B、C、D、E 不能按时交货，延期时间分别为 1、2、6、14 天。

每个任务平均延期为（1+2+6+14）/5=4.6（天）

方案二利用最短作业时间 SOT 规则，流程时间的结果如表 7-3 所示。

表 7-3　最短作业时间的计算结果

加工顺序	加工时间/天	交货日期/天	流程时间/天
E	1	2	0+1=1
C	2	7	1+2=3
A	3	5	3+3=6
B	4	6	6+4=10
D	6	9	10+6=16

总流程时间=1+3+6+10+16=36 （天）

平均流程时间=36/5=7.2（天）

可以发现 SOT 规则的平均流程时间比 FCFS 规则的短。还发现任务 E 和 C 能在交货日期完成，任务 A、B、D 延期时间分别为 1、4、7 天。

每个任务的平均延期时间为（0+0+1+4+7）/5=2.4（天）

方案三利用最早到期日 EDD 规则，流程时间的结果如表 7-4 所示。

表 7-4　最早到期日的计算结果

加工顺序	加工时间/天	交货日期/天	流程时间/天
E	1	2	0+1=1
A	3	5	1+3=4
B	4	6	4+4=8
C	2	7	8+2=10
D	6	9	10+6=16

总流程时间=1+4+8+10+16=39（天）

平均流程时间=39/5=7.8（天）

任务 E、A 将在交货日期前完成，任务 B、C、D 延期时间分别为 2、3、7 天。

每个任务的平均延期时间为（0+0+2+3+7）/5=2.4（天）

方案四利用后到先服务 LCFS 规则，流程时间的结果如表 7-5 所示。

表 7-5　后到先服务的计算结果

加工顺序	加工时间/天	交货日期/天	流程时间/天
E	1	2	0+1=1
D	6	9	1+6=7
C	2	7	7+2=9
B	4	6	9+4=13
A	3	5	13+3=16

总流程时间=1+7+9+13+16=46（天）

平均流程时间=46/5=9.2（天）

同理可得，每个任务的平均延期时间为（0+0+2+7+11）/5=4.0（天）

以上规则排序结果，总结如表 7-6 所示。

表 7-6　几种排序结果的对比

规则	总流程时间/天	平均流程时间/天	平均延期/天
FCFS	50	10	4.6
SOT	36	7.2	2.4
EDD	39	7.8	2.4
LCFS	46	9.2	4.0

很明显,此例中最短作业时间 SOT 规则比其余规则都要好,但情况总是这样的吗?答案是肯定的。

另外可以证明，在 $n/1$ 情况下，用其他的评价准则，如等待时间均值和完成时间均值最小，SOT 规则都能获得最佳的方案，所以该规则被称为"在整个排序学科中最重要的概念"。

（二）n 个作业两台工作中心的排序

一台工作中心排序问题表示，多个任务在单台设备上加工，不论任务怎样排序，其整个过程的完工时间都是相同的。但是以上结论在多任务、多设备的排序问题中不适用。

在这种情况下，加工顺序不同，总加工周期和等待时间都有很大差别。根据贝尔曼（R.Bellman）提出的动态规划最优化原理，最优排序方案只能在两台设备加工顺序相同的排序方案中寻找，使总加工周期缩短。

S. M. Johnson 对于 $n/2/F/Fmax$ 问题提出了自身方法，即 Johnson 算法。算法中以 a_i 表示工件 J_i 在机器 M_1 上的加工时间，以 b_i 表示工件 J_i 在机器 M_2 上的加工时间。工件都按 $M_1 \rightarrow M_2$ 的路线加工。Johnson 法则为：

如果

$$\min(a_i, b_i) < \min(a_j, b_j) \tag{7-3}$$

则工件 J_i 排在工件 J_j 之前。如果 $\min(a_i, b_i) = \min(a_j, b_j)$，则工件 J_i 可排在工件 J_j 之前，也可排在工件 J_j 之后。Johnson 算法建立在 Johnson 法则的基础之上。

Johnson 算法步骤如下：

① 从加工时间矩阵中找出最短的加工时间。

② 如果最短加工时间出现在机器 M_1 上，则对应的工件尽量往前排；如其出现在机器 M_2 上，对应工件尽量往后排。接着从加工时间矩阵中划去已排工件的加工时间。如果有多个最短加工时间，那么任挑一个。

③ 若所有工件都已排序，停止。否则，转步骤1。

【例 7-2】有 5 个工件，第 1 工序、第 2 工序的加工时间已给出，如表 7-8 所示。用 Johnson 算法求解如下：

第一步，从表 7-8 中，取出最小值 $t_{21} = 1$。

第二步，因最小时间值出现在机器 1 上（即第一工序），即 $j=1$，故将第 2 个工件排在序号第 1 号。如图 7-2 所示。

第三步，从表 7-7，删去已安排的第 2 个工件和作业时间。如表 7-8 所示。

表 7-7　工件加工时间表

工作	作业时间 t_{ij}	
	机器 1	机器 2
J_1	5	3
J_2	1	2
J_3	6	4
J_4	2	3
J_5	5	6

表 7-8　工件加工时间表

工作	作业时间 t_{ij}	
	机器 1	机器 2
J_1	5	3
J_3	6	4
J_4	2	3
J_5	5	6

第四步，从剩余工件即表 7-9 中，取出最小时间值 $t_{41}=2$。

第五步，因最小值出现在机器 1 上，即 $J=1$，故第 4 个工件排在第 2 号。见图 7-3。

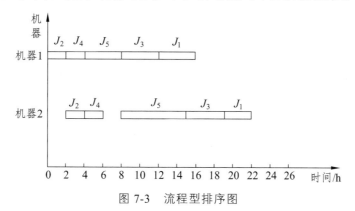

图 7-3　流程型排序图

第六步，从表 7-9 中删去已安排的第 4 个工件和作业时间。再重复以上步骤，得出任务安排顺序 J_2—J_4—J_5—J_3—J_1。

第七步，按 J_2—J_4—J_5—J_3—J_1 顺序列出加工时间表，如表 7-9 所示。

表 7-9　新顺序下的加工表

工作	作业时间 t_{ij}	
	机器 1	机器 2
J_2	1^1	2^3
J_4	2^3	3^6
J_5	5^8	6^{14}
J_3	6^{14}	4^{18}
J_1	5^{19}	3^{22}

此表计算出整批工件通过时间为 22 小时，其流程型排序图如图 7-2 所示。

对于两台机器排序问题进行以下的算法扩展的补充。

（1）3 台机器的情况。

一般情况下，当机器数为 3 台以上时，就很难找到最优解了。但是，对于 n 个作业由 3 台机器流水作业时，即 n 个作业均按相同次序经过机器 1、2 和 3，在满足某些条件后可以采用 Johnson 规则来解决问题。

设有 3 台机器 A、B、C，如果作业在 3 台机器上的加工时间满足以下条件，则可以转化为两台机器的排序问题：

$$\min\{p_{i1}\} \geqslant \max\{p_{i2}\} \tag{7-4}$$

或者　　　　　　　$$\min\{p_{i3}\} \geqslant \max\{p_{i2}\} \tag{7-5}$$

式中 p_{i1}，p_{i2}，p_{i3} 表示任何第 i 项作业在机器 1、2 及 3 上的加工时间，上两式表示 n

项作业在机器 2 上的最大加工时间比在机器 1 或机器 3 上的最小加工时间还少或二者相等，只是二者有其一即可。所以可以定义：

$$p'_{i1}=p_{i1}+p_{i2} \tag{7-6}$$

$$p'_{i2}=p_{i2}+p_{i3} \tag{7-7}$$

将 p'_{i1} 和 p'_{i2} 看成是两台机器上第 i 个作业的加工时间，然后再用 Johnson 规则来排序。

【例 7-3】有 5 个作业需要在机器 1、2、3 上加工，所有作业均按照 1、2 与 3 的加工次序，加工时间如表 7-10 所列。试确定最短的作业排序。

表 7-10　5 个作业在 3 台机器上的作业时间

作业	机器 1	机器 2	机器 3
1	4	5	8
2	9	6	10
3	8	2	6
4	6	4	7
5	8	4	11

解：由表 7-11 可知，$\min\{p_{i1}\}=4$，$\min\{p_{i3}\}=6$，$\max\{p_{i2}\}=6$，满足 $\min\{p_{i3}\} \geqslant \max\{p_{i2}\}$ 的条件，故可进行合并。利用 Johnson 规则进行排序，首先进行合并，合并的结果如表 7-11 所列。

表 7-11　合并后的时间

作业	机器 1'（p'_{i1}）	机器 2'（p'_{i2}）
1	9	13
2	15	19
3	10	8
4	10	11
5	12	15

利用 Johnson 进行排序，得到的最后排序结果为 1—4—5—2—3，如表 7-12 所列。对应的甘特图如图 7-4 所示，总的完成时间为 51 天，其中机器 1 利用率为 100%，机器 2 的闲置时间为 12 天，机器 3 的闲置时间为 0 天。

表 7-12　排序结果

作业	p'_{ij} 最小值/天	排序结果
1	$p'_{32}=8$	＿，＿，＿，＿，3
2	$p'_{11}=9$	1，＿，＿，＿，3

作业	p'_{ij} 最小值/天	排序结果
3	$p'_{41}=10$	<u>1</u> , <u>4</u> , <u> </u> , <u> </u> , <u>3</u>
4	$p'_{51}=12$	<u>1</u> , <u>4</u> , <u>5</u> , <u> </u> , <u>3</u>
5	$p'_{21}=15$	<u>1</u> , <u>4</u> , <u>5</u> , <u>2</u> , <u>3</u>

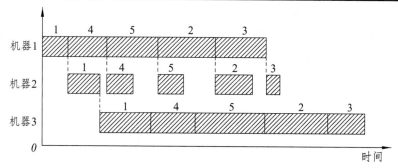

图 7-4　例 7-3 的甘特图

（2）$n/m/F/F\max$ 问题的最优解法。

n 个工件与 m 部机器的排序。方法一般采用最小排序系数法，求得近似最优解，其步骤如下：

第一步，确定中间机器或中间线。当机器数为奇数时，用←标明中间机器；当机器为偶数时，用<=标明中间线。

第二步，计算排序系数 k。排序系数为某个工件在前半部分机器上的加工时间同在后半部分机器上的加工时间的比值。

$$k=\frac{\sum_{j=1}^{m/2}t_{ij}}{\sum_{j=\frac{m}{2}+1}^{m}t_{ij}} \tag{7-8}$$

若机器数为奇数，则中间机器的加工时间平分于前后各半。

第三步，按最小排序系数，由小到大进行排序。

【例 7-4】有 5 个工件，依次在 4 部机器上加工，其作业时间如表 7-14 所示。

用最小排序系数排序步骤：

第一步，用<=标明中间线于 M_1、M_2 之间；

第二步，计算最小排序系数。根据式（7-8）计算出各个工件的最小排序系数，见表 7-13。

表 7-13　各项目工作在四部机器上的作业时间表

机器工件	机器工件					中间线
	J_1	J_2	J_3	J_4	J_5	
M_1	4	9	7	3	6	
M_2	6	4	10	9	8	<=

机器工件	机器工件					中间线
	J_1	J_2	J_3	J_4	J_5	
M_3	8	10	4	6	4	
M_4	5	2	7	4	10	
排序系数 k	0.77	1.08	1.55	1.2	1	
加工顺序	1	3	5	4	2	

第三步，按最小排序系数规则，得最佳排序为：J_1—J_5—J_2—J_4—J_3，通过时间为51小时。

（3）指派法。

前面介绍的几种排序问题都是各个作业按照一定的次序在所有工作中心上完成加工的，各个作业不是同时开始的，有些情况下车间有足够数量的合适的工作中心，这样，所有的作业都可以在同一时间开始进行。对于这样的排序问题，问题的关键在于将作业合理科学指派给工作中心，以使排序最佳。

所以，对于 n 个作业来讲，因为是同时进行，其排序问题就是"n 个作业 n 台工作中心排序"。可以使用指派法对"n/n"排序问题进行排序，指派法是线性规划中运输方法的一个特例。其目的是极小化或极大化某些效率指标。指派法比较适合解决具有如下特征的问题：① 有 n 个"事项"要分配到 n 个"目的地"。② 每个事项必须被派给一个而且是唯一的目的地。③ 只能用一个标准（例如，最小成本，最大利润或最少完成时间等）。

指派法用于"n/n"排序问题的具体步骤为：

① 将每行中的数减去该行中的最小数（这将会使每行中至少有一个 0）。

② 将每列中的各个数量减去该列中的最小数（这将会使每列中至少有一个 0）。

③ 判断覆盖所有 0 的最少线条数是否等于 n，若等于则得到最优方案。若满足线条数少于 n，转到第 4 步骤。

④ 画出尽可能少的线，使这些线穿过所有的 0。未被这些线覆盖的数字减去最小的，另外线交点位置上的数加上最小的数，重复步骤 3。

第三节 生产车间作业计划编制

一、车间作业计划的编制方法

1. 在制品定额法

这种方法适用于生产稳定的大量大批生产企业，车间之间的生产联系主要表现为提供少数几种产品的关系，是按照产品的反工艺顺序，从成品出产的最后那个车间开始，然后再向前推算。

计算公式如下：

$$某车间出产量=后车间投入量+试车车间半成品计划外售量+$$
$$库存半成品定额-期初库存半成品预计结存量$$

$$某车间投入量=试车车间+该车间计划允许废品量+车间在制品定额-$$
$$期初车间在制品预计结存量$$

在制品定额是预先制定好的期量标准，是指为了保证生产正常而均衡进行时所必需的在制品数量标准，包括车间的在制品、库存半成品。

2. 提前期法

提前期法是指根据生产计划的要求和预先制订的提前期来规定各车间的某种产品的装配生产提前完成的产量。它通常用累计编号来表示投入出产的产量任务。这种方法通常用于多品种成批生产的企业。

3. 生产周期法

生产周期法是根据生产计划的要求和预先制订的产品生产周期图表，通过生产能力的核算来规定各车间的生产任务。这种方法适用于单件小批生产的企业。

二、车间作业计划编制

车间接到的生产任务是一个计划期的总生产量，接到任务后，车间要进一步细分任务，分批生产，主要考虑的问题是生产能力的平衡、零部件数量上的配套、提高设备利用率、缩短生产周期、减少在制品资金占用量，所以计划难度很高。做车间作业计划时，有一些定量模型和方法可供选用，如多品种轮番生产的最小生产费用计划方法就是其中常用的一种。

车间内部生产作业计划的编制，主要包括车间排产计划日历的编制、工段生产作业计划的编制、工段内部生产作业计划的编制等，其工作由车间和计划人员执行。

在大量流水线生产条件下，一条流水线可以完成零件的全部工序或大部分主要工序，工段的生产对象就是车间的生产对象，这是企业给车间下达的计划所规定的产品品种、数量和进度，这也就是工段的产品品种、数量和进度。若厂级生产作业计划采用的计量单位是零件，则对其略加修改就可作为车间内部的生产作业计划，不必再做计算。若采用的计划单位是产品或部件，则首先需要分解，然后再按零件为单位将任务分配到各流水线或工段。

组织混流生产的工段，除了月生产作业计划外还需编制一些短期的生产作业计划，如轮班作业计划，需要具体规定每日生产的品种、数量及投产顺序。轮班生产作业计划还可以对不能在月生产计划中规定的零件的每日生产量进行记录。轮班生产作业计每日编制一次。

第四节　车间作业控制

一、作业控制的基本概念

国际专业协会对车间控制系统提出这样的概念，车间控制系统是利用车间的数据信息和数据处理文件，维护和传递车间工单和车间设备状态信息的系统。

车间作业控制的功能有以下几种：

（1）为每一车间工单分配优先级；

（2）维护在制品数量信息；

（3）将车间工单状态信息传递到办公室；

（4）为能力控制提供实际产出数据；

（5）根据工单和工位要求，为制品库存管理提供数量依据；

（6）提供效率、利用率、人力和设备生产率等数据。

生产作业控制的内容包括控制加工单的下达；控制作业加工的工序优先级；控制产入和产出的工作量；控制加工成本；等等。

输入/输出控制（简称I/O）是控制能力计划执行的方法，可用来计划和控制排队的时间和提前期。产入/产出报表用到了计划投入、实际投入、计划产出、实际产出、计划排队时间、实际排队时间，以及投入、产出时数的允差等数据。输入/输出控制方法需要逐日分析，时间分段执行。

输入/输出控制要在生产计划和控制系统中做工作，即一个工作中心的输入工作应该不超过该工作中心输出的工作。当输入工作超过输出工作时，则可判断工作中心发生囤积和库存，使得上游作业的提前期增加。另外会出现阻塞，作业效率降低，不利于流向下游工作中心的工作流持续或连续。

控制过程中若要很好解决以上问题，简单的基本方法是提高瓶颈部位的生产能力，或者是减少瓶颈部位的输入。

二、车间控制的基本工具

日常调度单、各种状态和例行报告是车间作业进行控制的基本工具。日常调度单主要告诉主管进行哪个作业，它们的优先级如何，以及每项作业用多长时间，表 7-14 为调度单的一个例子。

表 7-14　调度单

开始日期	作业号	零件名称	运行时间/h
15/3	1254	Y1-S101	6.0
16/3	1255	Y2-S301	8.5
17/3	1256	Y2-S108	3.5

各种状态和例行报告如下。

（1）预期延期报告，由车间计划员每周制作一次，并由车间计划主管审核，控制在主计划的延期要求范围内，如表 7-15 所示。

表 7-15　例行报告之预期延期报告

订单号	计划日期	新日期	拖期原因	采取措施
12403	12/3	15/3	刀具损坏	购买刀具
12404	18/3	22/3	工人请假	安排工人

（2）废品报告，如表 7-16 所示。

表 7-16　例行报告之废品报告

订单号	作业号	数量	返工原因
12405	2045	18	设备调整误差
12406	2046	15	工人失误操作

（3）返工报告，如表 7-17 所示。

表 7-17　例行报告之返工报告

订单号	作业号	数量	返工原因
12408	2051	18	工程变更
12409	2052	15	工程变更
12410	2053	30	工程变更

（4）作业总结报告，报告订单的完成数量、百分比、未完成原因等，如表 7-18 所示。

表 7-18　例行报告之作业总结报告

订单号	作业号	计划数量	已完成数量	未完成原因
12501	2060	50	45	设备故障
12502	2061	88	79	零件缺陷
12503	2062	55	51	工人失误操作

当然，报告还有其他许多类型，这里只列出其中几种典型的报表。对于每种例外的报告，必须将引起例外的原因找出来，找原因可以和提合理化建议的制度结合起来，

这样可以充分发挥工人的主观能动性，以彻底改进工作，消除产品的缺陷。在车间计划和控制系统中除了上述例外报告外，通常还有以下的报表：

（1）物料和能力报表。根据加工单上物料的数量和时间，判断所需的物料及能力，若物料资源需求和能力不匹配，则系统会提示或预警；

（2）加工单状态报表。形成已下达、已发料、短缺情况、部分完成、完成末结算、完成已结算等报表；

（3）工序状态报表。说明需求量、完成量、报废量、传送量，还要说明关于材料、人员、设备、时间用工等消耗，以及成本等。

本章小结

本章从车间作业计划的基本架构和目标、车间作业计划与控制的影响因素和车间作业计划的信息源等方面对车间作业计划进行了介绍和分析。在学习中应理解车间作业排序的基本概念、排序分类方法和评价标准，理解车间作业控制的基本概念和一些常用的控制工具。总体学习要推进对车间作业计划与控制的认识和理解，同时也提高对如何实现作业计划和控制应用于实际生产中的认识。

思考与习题

1. 简述排序和编制作业计划的关系。
2. 简述流水车间的特征。
3. 分析排序在企业运作中的意义。
4. 如何做好车间作业的控制。
5. 举例说明 n 个作业单台工作中心的排序方法过程。
6. 有 6 项待加工作业在一个工作中心需要的加工时间如表 7-19 所示。

表 7-19　加工时间表

作业	作业时间/h	预定交付日期/h
A	12	15
B	10	25
C	6	20
D	14	12
E	5	9
F	7	14

求分别使用 LCFS、SOT、EDD 优先规则时得出的加工顺序。

7. 5个工件在2台设备的流水型排序问题资料如表7-20所示。试用 Johnson 算法进行排序并计算最短流程时间。

表7-20 工件的加工时间

工件号	J_1	J_2	J_3	J_4	J_5
工序 1	12	4	5	15	10
工序 2	22	5	3	16	8

第八章

项目进度计划与控制

学习目标

通过本章的学习，理解项目和项目进度计划与控制的概念与发展，掌握项目进度计划的种类和影响因素，掌握项目进度控制的内容和流程，掌握项目进度控制优化的方法。

第一节 概 述

在一定的资源约束下，为实现特定目标而设计的一系列行动步骤称为项目。换句话说，一个项目是在一定的时间、资源和预算内，为了一个特定的目标或目的而有效地使用资源的一次性工作。

项目管理是指在项目规划阶段对项目进行实施和管理。项目管理的内容包括范围管理、时间管理和综合管理。一个科学的项目计划不仅可以使项目截止日期更加合理，有效减少项目执行过程中资源的浪费，而且可以使项目团队成员在项目实施过程中跟踪和控制项目进度，确保项目按计划完成。在项目管理的实践中，项目计划是项目管理的首要环节，主要用于指导其他项目管理功能的实现。项目计划是项目实施和完成的基础和前提。项目计划的质量高低是决定项目成败的关键因素之一。

项目管理起源于第二次世界大战时期的美国，由于战争的需要，科学、技术和管理理论相继发展。此后美国注重大规模的经济建设，开展了一系列大规模的科学试验设备、设施和工程项目建设。传统的项目管理方式已经不能满足日益复杂的需求，因此，测试的工程项目和科研的开展中逐渐对管理提出了新的要求，在各个项目的过程中，逐步引入和演化，形成了一个新的管理方式，传统的管理模式得到创新。如在核能试验、航天计划及发电站建设中创新运用了矩阵式管理组织、网络计划技术等。

20 世纪 20 年代，美国开始研究工程项目管理。基于科学管理和经济领域的成果，项目计划管理方法的研究取得了一定的进展。20 世纪 50 年代，关键路径法（Critical Path Method，CPM）和项目评估与评审技术（Program Evaluation and Review Technique，PERT）在美国的出现标志着现代项目管理的出现。

在 20 世纪 60 年代，美国将 PERT 技术用于登月，耗资约 30 亿美元，有 20 000 多家公司，超过 400 000 人参与，涉及 7 000 000 个部件。虽然该项目规模大，但因为使用了网络计划技术，从而以有序的方式开展，因而取得了成功。20 世纪 80 年代，项目管理的概念迅速传播到世界各地。20 世纪 80 年代末，它被称为现代项目管理阶段。在 20 世纪 90 年代，项目管理理论并没有多大变化，其应用主要限于特定的几个行业，如建筑、国防、航天等。到 21 世纪初，项目管理已经发展并细化为一种具有普遍科学规律的独立行为模式。在这一时期，对项目管理理论和研究方法的探讨和研究更加深入，原有的计划与控制技术、系统理论、组织力量、经济学、价值工程、计算机技术和项目管理实践经验有机结合，在吸收了其他学科的研究成果后，项目管理逐步发展成为一个相对独立和完整的学科体系。

20 世纪 50 年代，在经济建设和复苏的初期，中国有效地管理了相关项目，并取得了圆满成功，为中国的工业化奠定了基础。20 世纪 60 年代，中国著名科学家钱学森普及了"系统工程理论与方法"，著名数学家华罗庚普及了"统一规划方法"等。中国在发展新一代战略导弹系统时，引入了网络规划技术（PERT）、工作结构分解（WBS）等技术。此后翻译出版了《计划评审方法的基础》《计划管理新方法的汇编》等项目管理理文献。20 世纪 70 年代后期，高校开始开设项目管理课程，中国开始向高校人才传授现代项目管理理论。

第二节　项目进度计划

一、项目进度计划概述

项目进度计划是指根据具体的项目目标，在规定的时间期限内，研究制订出合理、高效、经济的工作进度计划（包括多层次管理的子计划）。在实施计划的过程中，始终要检查项目的实际进度是否与计划进度相符。如若有偏差，应该及时找出原因，采取补救措施，或及时调整或修改原计划，使项目的实际进度与计划进度相符，直至项目完工。项目中的每一活动必须制定一个具体的开始和结束时间，将总体目标分化为具体的、有序的目标任务，并按时完成每一个任务进度，从而形成一个时间表，其中包括所有的任务、流程和相关成本，以及完成任务所需的必要估计时间等。

制定项目进度表的目的是保证项目按时完工盈利，弥补已经发生的费用，协调可用资源，提高资源的利用率。根据对不同时间所需资金和资源的预测，对项目的优先次序不同，以确保项目严格按照完成时间完成。项目进度管理是项目管理的基础和基本出发点，在项目管理中起着重要的作用，进度管理水平的高低将直接影响到项目能否达到合同规定的进度要求和经济效益。承包商根据项目进度、成本、质量和安全进行管理和控制，确保项目按时交付，实现工程的经济效益。

二、影响建设项目施工进度计划的因素

由于建设项目规模大、工作流程多样、参与人员多、合作范围广、资源需求多样等特点，有很多影响建设项目进度和计划的因素。

（1）地方政府或行政部门的因素：相关法律法规、规范性政策的变化等；

（2）业主单位的因素：办理相关手续拖延、业主单位流程长、组织协调能力弱、资金支付迟或不足、按合同提供的信息不准确、不及时等；

（3）设计单位的因素：如图纸不完整或迟交，设计变更频繁；

（4）施工单位自身的因素：如项目部管理人员专业素质低、管理能力差，施工组织和设计方案不合理，施工人员储备能力差，施工进度计划编制不科学，总包单位挪用工程进度资金等；

（5）各分包商的因素：未按计划完成各项施工任务、材料供应商未及时满足材料需求、材料供应未满足要求等因素；

（6）自然天气因素：如大暴雨、暴风雪、洪水、泥石流等；

（7）还有一些不可预测的因素：如未发现的地下水、溶洞、不利的地质条件等。

所有这些因素都可能会造成项目实际施工进度落后于进度计划。

三、项目施工进度计划的种类

编制项目施工进度计划的常见方法有三种，分别是甘特图法、里程碑计划法和网络计划法（包含关键线路法及计划评审技术法）。

甘特图方法简单直观，所以它是项目建设施工过程中使用率最高的一种进度计划，但是这种方法不能表示工作之间的逻辑关系，也不能指出项目关键工作，所以这种方法有一定的局限性，只适用于小型项目或大型项目的基础性进度计划。

里程碑规划法是项目中一些重要节点的时间构成的进度计划，它表示项目各阶段的时间节点，当然前提是各时间节点的进度计划能够按时完成。里程碑计划方法只计划每个阶段应该达到的状态，与其他计划相比，这种方法粗略且不详细。

网络计划技术是使用网络计划安排项目的各级工作，准备相应的时间表。网络规划包括两个部分：网络图和网络参数。由箭头节点组成的图为网络图，各种时间参数为网络参数。网络规划是首先确定每个工作的逻辑关系，然后计算每个工作所需的时

间，确定关键线路和关键工作，最后添加资源和其他影响因素调整计划，得到最终的时间表。

网络计划技术源于关键路径法（CPM），后来的人们在此基础上根据自身独特需求做出适当的改进，形成了现在丰富多样的网络计划技术体系，国内外网络计划技术发展概况如图 8-1 所示。

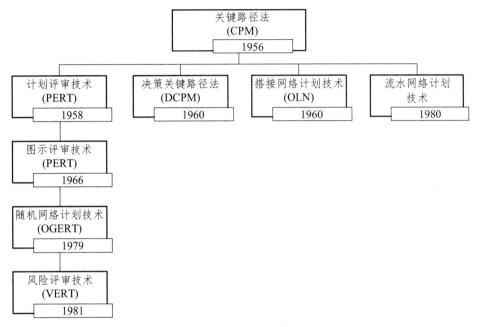

图 8-1　网络计划技术发展概况

四、项目进度计划编制过程

项目进度计划的编制过程如图 8-2 所示：

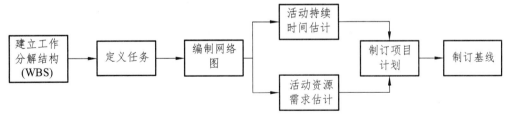

图 8-2　项目进度计划编制过程

以下是对项目进度计划每个步骤的具体描化：

（1）工作结构分解（WBS）。

工作分解结构（Work Breakdown Structure，WBS）是按照一定的原则逐层分解一个项目。项目管理最重要的一步就是将项目分解为一个个任务，然后将每一个任务分解为特定的工作，直到工作不能被进一步分解。WBS 是项目进度制定、资源需求分配、成本预算、项目风险评估等环节的重要依据。

（2）定义项目任务。

项目任务的定义是基于工作结构分解的理论将最底层工作结构分解为更小、更容易管理的任务。根据项目的复杂度设置项目的任务定义，逐步分解到任务不需要再分解。

（3）编制网络图。

网络图的定义是用来描述每个任务的直接逻辑关系和间接依赖关系的项目网络图。在 WBS 和任务列表的基础上，使用节点法等方法绘制项目网络图。

（4）任务持续时间估计和资源需求估算。

这一步是估计完成每个特定的具体任务所需的时间和资源。任务持续时间的定义是指在项目范围和可以分配资源情况的约束下确保任务能够顺利完成所需要的时间。常用的任务持续时间估计方法有三种，分别是专家评审法、仿真估计法和定量基期法。

（5）制订项目计划。

制订项目计划的具体过程：首先分析任务活动之间的逻辑关系，然后估计任务活动的持续时间和资源需求，最后根据逻辑关系和时间需求制订项目进度计划。在项目进度计划中，需要综合考虑的因素有项目网络图、任务工期估算、项目资源分配、项目工期、项目风险管理等，还需要明确定义项目的启动时间和结束时间。

（6）建立基线进度计划和预算。

上述项目进度计划一般只计算每个活动最早和最迟的时间，而基线项目进度计划的制订不同之处在于必须综合考虑其他因素。基线项目进度计划的建立标志着项目进度计划阶段的结束和项目实施规划阶段的开始。

虽然上述活动和过程在理论上是分阶段完成的，但在实践中是相互影响、相互制约的。在实际的项目实施和管理中，它们是相互交叉、相互循环的，这就要求项目的所有成员都要有相同的目标，共同完成。

第三节　项目进度控制

一、项目进度控制概念

一个项目在实际的建设过程中，必然会存在各种风险因素，其中有些是有规律和可预测的，有些是不能提前知道的，这些因素既有客观的，也有主观的，而且主观和客观的条件很可能反复出现，如果没有监控手段，进度难以按时实现，所以项目必须建立一套完整的进度控制系统。项目需要设置专门职能部门或人员负责系统的维护，包括监督各级计划的实施、收集各种信息的反馈、检查现场进度、比较进度和实际进展、分析偏差的原因、及时采取措施，减少不良影响，从而减少项目的损失以及调整所有级别的时间表。一遍又一遍，进度控制的过程就是在这个闭环中进行连续动态操作的过程。

项目进度控制是指根据项目进度计划对周期内的活动和任务进行监控，收集实时的项目信息，及时发现活动和任务的偏差，包括时间和质量。分析产生偏差的原因并采取纠正措施，通过相关技术和工具（调整关键路径、进度压缩）纠正项目计划的偏差，确保项目按客户要求在规定时间内完成交付。

二、进度控制流程

进度控制主要是指对项目各施工阶段的内容、施工过程、工期和联系关系进行计划分析，并实施计划。这样就可以根据实施结果来验证方案的可行性和准确性。同时，需要对计划的偏差进行动态修改，以保证项目的顺利交付。制定规范的进度控制流程，有利于提高管理效率，明确各自职责范围，便于项目组之间进行沟通，对加强项目进度管理具有重要意义。

（一）编制进度计划

项目进度计划的编制是进度控制和管理的基础。整个项目应当首先分析进度计划，然后项目应根据工程施工的顺序进行分解，分解后得到任务，然后开始工作，应当实现各部门和个人的实时跟踪和协调进行。进度计划编制依据包括项目目标范围、合同时限要求、项目内外环境分析、项目资源供应等。时间表的编制应符合整个工程项目的质量、成本、安全和环境目标，应充分考虑风险因素，并能够将计划分解到季度、月度、周、日。

（二）成立管理小组

建立以项目经理为组长的管控团队，确保团队成员分工明确，责任明确，定期召开进度管控会议，严格执行进度计划。

（三）制订流程

在制定流程的过程中应该遵循四大原则：动态控制原则、系统原则、信息反馈原则和弹性原则。编制方案的内容从粗到细，编制对象从大到小，编制时间范围从宽到窄。

三、进度控制内容

进度控制内容主要包括五大方面：项目前期进度控制、审批进度计划、监督进度计划的实施、调整项目进度、控制项目验收进度。

（一）项目前期进度控制

目前，进度控制主要针对项目前期准备工作。具体实施过程是根据项目特点和建设内容，确定进度控制的要素、目标、方法和具体实施措施。与此同时，还需要对项目进展过程中可能遇到的风险进行分析，提出项目总体进展计划和子项目进展计划。

（二）审批进度计划

承包人按照项目合同要求，根据总进度计划和分解后的进度计划，填写进度计划申请表，报上级监督部门审批。但是监理工程师需要根据项目的规模和复杂性，综合分析整个项目计划的可行性、有效性和合理性。项目总进度表应与合同完成日期相一致，并可用水平或网络图以及书面说明来表示。

（三）进度计划的实施监督

工程监理部门根据工程总进度计划，对承包商的施工全过程进行跟踪和监督，并动态控制偏差。监管部门还应当检查每月项目的实际情况，评估和分析偏差项目的实际进度与计划进度，并发出通知要求承包商监督处理，以保证项目的顺利实施。

（四）工程进度计划的调整

当监理部门发现实际进度与计划进度有偏差时，应及时召集相关参与方分析问题原因，提出可行的补救措施，以保证项目仍能按原计划实施。总监理工程师应当定期向建设单位报告工程的总体进度、各项控制措施的实施情况以及对存在的问题提出的合理化方案。如果由于一些因素可能导致项目工期延迟，需要按照要求准确的预测项目工期延长期，填写项目申请表同时向总监理工程师报告。总监理工程师在项目合同上和建设单位共同签署项目延迟的形式，并要求承包商调整项目进度。

（五）项目验收进度控制

在项目竣工后，还需要对项目进行全面的验收控制，包括验收工程、处理项目施工过程中的各种纠纷与索赔、整理项目相关文档资料、归档与建档处理等验收控制工作。

四、项目进度控制工具

（一）NPT网络计划技术

网络计划技术起源于关键路径方法和计划审查技术，它通过定义的项目活动或任务及其依赖关系，绘制一个"网络"图，将一个项目周期内的所有活动或任务连接起来。每个活动或任务都有自己唯一的编号，网络中的活动关系可以用箭头表示，活动的时间也可以在网络图中表示。这里重点介绍关键路径法（Critical Path Method，CPM）和计划评审技术（Program Evaluation and Review Technique，RERT）。

1. 关键路径法（CPM）

关键路径方法是一个动态的系统，使用单一时间估计方法，假定活动持续时间是一定的或确定的，通过识别关键任务的项目，有针对性地进行项目进度计划，满足有限的资源优先级任务，减少关键任务的持续时间，以确保整个项目周期缩短。

为了计算一个项目最小的任务估计时限单位，首先需要定义最早的开始时间和结束时间，再定义最迟开始时间和结束时间，最后需要根据形成的各个活动网络逻辑图之间的逻辑关系，找出必需的最长的路径，即为关键路径。通过使用关键路径方法，大型项目的时间和成本之间的关系可以直观地从网格模型中进行分析，从而发现缩短项目时间和节省成本的关键。

在关键路径法中，每个序列所涉及的时间参数有：最早开始时间（ES），最早结束时间（EF），最迟开始时间（LS），最迟结束时间（LF），总时差（TF）。

2. 计划评审技术（PERT）

PERT是一种网络规划技术。与关键路径不同，它使用怀疑的观点对项目周期内活动的持续时间进行了更科学、更明确的估计。它需要估计每个活动所需的最短、最有可能和最长的时间，用来计算活动的预期持续时间。

计划评审技术是组织生产和实施计划管理的一种现代科学方法。通过网络分析，制订计划并对计划进行评价，是系统思维在计划工作中的应用。项目评估技术广泛应用在现代项目管理中，这是现代项目管理的重要手段和方法，它可以协调项目计划的整个过程，合理安排人力、物力、时间和资金，加速计划的完成。计划评审技术的基本原理是分解工程项目的工作结构，根据各过程之间的相互逻辑关系绘制网络图，进行网络分析，计算各项工作所需的时间和空闲时间，找出关键线。通过减少空闲时间来提高网络计划，以获得同时满足项目工期、成本和资源的优化计划。

使用PERT绘制网络图时，假定持续时间为单个正时间，活动的平均时间采用三点估计法计算：

$$T = \frac{a + 4m + b}{6} \tag{8-1}$$

式中：

T 为工序的平均持续时间；

a 为工序的最短持续时间，即乐观估计时间；

b 为工序的最长持续时间，即悲观估计时间；

m 为工序的最可能时间。

其中 a 和 b 两种工作的持续时间一般由统计方法进行估算。

由于三点估计法是假设活动持续时间服从 beta 分布，用概率论的观点来分析活动的持续时间，其偏差仍然不可避免，但是趋向有明显的参考价值。分析分布的离散程度，可用方差法进行估计：

$$\sigma^2 = \left(\frac{b-a}{6}\right)^2 \tag{8-2}$$

式中，σ^2 为工序的方差。

标准的计算公式如下所示：

$$\sigma = \sqrt{\left(\frac{b-a}{6}\right)^2} = \frac{b-a}{6} \tag{8-3}$$

$$\lambda = \frac{Q-M}{\sigma} \tag{8-4}$$

网络计划按期完成的概率，可通过公式 8-4 和查函数表计算求得。

其中：

Q 为网络计划规定的完工日期或目标实践；

M 为关键线路上各项工作平均持续时间的总和；

σ 为关键线路的标准差；

λ 为概率系数。

现代项目规划里，资源约束也被引入到网络规划中，PERT/CPM 技术已经不能解决资源约束下的网络规划问题。在没有资源约束的情况下，基于 h 点估计的 PERT/CPM 的有效使用主要体现在评价函数中，但是编程函数有明显的缺陷。

（二）关键链项目管理（CCPM）

关键链项目管理（Critical Chain Project Management，CCPM），其核心思想是将整个关键路径的持续时间缩短 50%，然后根据活动日程将额外的 50% 时间内的缓冲区插入到项目活动中。由于每个任务都有一些不确定性，项目团队成员或任务所有者在评估项目活动时经常高估活动或任务持续时间。他们这样做通常是为了给任务增加安全余量，以确保在一定的时间内完成任务。在大多数情况下，任务不占安全范围，应该提前完成。如果一项活动或任务不需要假定的安全裕度，那么安全裕度实际上在计划中被浪费了。如果任务可以提前完成，则后续任务可以提前开始，因为后续任务所需的资源可能无法在预定时间之前可用。另一方面，如果有超出估计进度的延迟，这些延迟肯定会被传递下去，并且在大多数情况下，将成倍地增加项目进度。基于上述假设，CCPM 建议将项目持续时间减少 50%，并在关键路径的末端添加活动和任务缓冲区，以确保对项目进度的有效控制。

（三）产品质量先期策划（APQR）

复杂的产品和供应链带来了失败的可能性，尤其是在发布新产品时。产品质量计划（APQR）是一个结构化的过程，旨在确保客户满意的新产品或过程。APQR 已经以许多形式和实践存在了几十年。APQR，最初被称为产品质量计划（APQ），被先进的公司用来确保质量和性能。福特汽车公司在 20 世纪 80 年代初出版了第一本面向供应商的高级质量规划手册。APQR 帮助福特供应商为新产品开发适当的预防和测试控制，以支持公司的质量工作。基于福特 APQ 的经验教训，北美汽车原始设备制造商在 1994 年共同创建了 APQR 流程，并在 2008 年进行了更新。APQR 的设计目的是将所有汽车原始设备制造商所需的公共规划活动聚合到单个流程中。供应商利用 APQR 将新产品和工艺引入验证成功并推动持续改进。其特点是将产品从概念到批量生产的过程划分为五个阶段：产品概念设计、设计开发、过程开发、试产、生产。此外，在每一个阶段的实施过程，实施连续信息反馈评价机制，进而采取纠正措施和持续改进。

使用 APQR 过程概念图（见图 8-3）可确保所有阶段的工作按时完成，促进早期识别出风险和问题。避免后期更改，以优化产品质量、成本和进度，同时最小化风险。

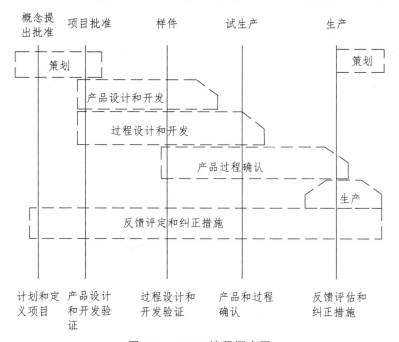

图 8-3　APQR 流程概念图

第四节　项目进度控制优化

一、优化方案设计原则

在优化方案设计的过程中，必须遵循以下原则。

（一）先进性和成熟性相结合的原则

在项目进度控制的设计优化中，在保证系统建设目标的前提下，应采用成熟、先进的技术、设备、模型和管理哲学，并尽可能保证技术、设备和管理哲学的发展趋势将持续当前和未来一段时间，在未来不会很快消失。

（二）系统性原则

设计系统在充分利用现有投资的情况下应该支持多个操作系统和网络协议，硬件和软件平台、设备和系统应该符合国际和国内标准，采用模块化设计方法，储备一个标准化的接口，以满足未来发展、信息共享的需要，功能要可扩展和升级，避免重复和浪费投资。

（三）可靠性和安全性原则

可靠性和安全性体现在四个方面：设备安全性、数据安全性、网络安全性和软件安全性。因此，要求系统必须具有故障冗余的自检功能和容错功能，同时要有完善的备份和恢复计划，完善的路由策略，注意防雷、防静电、防停电等保护措施。不间断电源系统（UPS）必须在系统中进行设计。

（四）智能性原则

智慧主要体现在系统的处理能力、事件处理的准确性和故障处理、事件处理的深度以及对错误响应与处理的速度。因此，需要系统能够及时、准确地调用备份数据或使用备用设备，以确保系统的不间断正常运行。在处理日常事务时，可以体现出自动化、智能化、高速度和高效率的特征。在处理复杂、敏感、有影响的事件时，系统的综合协调调度指挥能力应能够适应。

（五）经济性和实用性原则

系统在提供相对标准的人机交互环境的同时，应尽量简化操作流程和日常维护工作，即在项目计划实施过程中，员工经过短期培训后即可上岗。优化方案的设计与实施，要尽量节省项目投资，使其具有较高的性价比。方案设计要面向实际，注重实效，坚持实用性和经济性原则，合理利用企业现有设备和信息资源，节约成本。

二、优化方案设计框架

根据生产的五个要素，项目进度控制按实施时间可分为三种类型，即事前控制、事中控制和事后控制。事前控制是一种预防性的控制措施。对事前控制措施的研究主要是从物资供应优化和施工组织设计方面展开。事中控制是指根据过程控制的反馈信息，为解决项目进度控制目标或标准对在实施过程中出现的问题采取的一系列措施。事后控制是指根据实际情况对进度控制行动与控制目标或标准之间的差异进行比较分析，并采取相应的补救措施。

第五节　优化方案示例

一、企业概述

A 企业是 L 市大型国有综合化工企业集团的下属企业，主要从事机电工程安装和施工工程安装。公司拥有 397 名员工，其中包括 5 个职能部门：安全部门、调度办公室、技术部、质量控制部、办公厅，另外还有 11 个项目部门。

企业主要生产设备有锯床、机械倒角机、自动火焰切割机、二次保护焊机、高频焊机、卷板机等设备和工具。

企业现有人员主要分为三类：一是企业成立之初的员工；二是集团建设产业园在周边土地招募的职业劳工以及按照政府的相关要求接受的退伍军人；三是通过公开招聘的方式招收的大学生和通过集团与高校合作培养的大学生。企业员工的整体文化教育水平比较低。目前，研究生有 1 人，大学有 10 人，大专有 8 人。其余都为高中、中专及以下学历，甚至一部分人只有小学文化水平。

其运营模式如下：作为项目施工中的乙方，A 公司主要提供项目施工中的人员、设备、机械工具、焊接材料及辅助材料；作为甲方的施工方，安装过程中所需的型材、管道、管件、阀门等主要材料由集团根据图纸统一采购。甲乙双方签订集团内部安装合同，甲方完成整个项目的施工管理和进度控制。2017 年 A 公司销售收入 5.35 亿元。

企业目前主要承接集团内部项目建设任务和生产装置技改检修，近年来公司主要承接的建设项目有 10 万吨/年甲酸项目、20 万吨/年多元醇项目、10 万吨/年过氧化氢项目两套、低温甲醇洗项目改造、锅炉脱硫及湿式除尘改造。

企业现在采用的进度计划形式有网络技术图、月计划和周计划。新项目安装任务下达时，建设单位应先编制整体网络计划，然后分解为月度网络计划，每天进行评估实施。根据施工总进度制订每个月的月度计划，然后划分为周计划。这样，周计划与月度网络计划相辅相成，相互补充，监控并控制项目的进度。为了清晰地反映 A 企业项目进度控制的现状，对 A 企业 2013～2017 年建设的大型项目完成情况进行统计，结果如表 8-1 所示。

表 8-1　安装二公司项目完工统计表

序号	产品名称	项目名称/需求厂家	是否按时完工
1	3#过氧化氢项目安装	过氧化氢项目	否
2	4#过氧化氢项目安装	过氧化氢项目	否
3	5#过氧化氢项目安装	过氧化氢项目	是
4	MTO 项目设备、钢结构安装	MTO 项目	否
5	MTO 项目污水处理安装	MTO 项目	否
6	成品罐区伴热管道、消防管道安装	续建己内酰胺项目组	否
7	东区 1.2 MPa 蒸汽管线安装	续建己内酰胺项目	是
8	公用管廊新增 5 条管道安装	公用工程项目组	否
9	甲酸续建项目工艺管道安装申请	甲酸续建项目	是
10	甲酸新上四酸塔	甲酸续建项目	是
11	退城进园 E7 轴管廊钢架安装	公用工程项目组	否
12	新上异丁醛脱烃系统和压缩机	煤武节能改造项目组	否
13	园区 9.8 MPa 蒸汽安装施工申请	公用工程管理职能	否

从上表可以看出：统计的 13 个项目中，有 4 个项目按照建设方的合同要求完成了项目建设，项目进度控制在理想范围内，项目按期完工率只有 23.5%。

主要表现为：整体建设进度滞后，导致工期延误，尤其是公共工程项目中管道廊道的安装。在项目建设之前，预计的竣工时间为 2017 年 3 月，后来推迟至 4 月，再推迟至 5 月。然而实际完工时间为 6 月，延迟日期为 3 个月，项目收尾时间长。项目整体完成后，整改、变更等工作量建设耗时较长。

二、优化方案的具体内容

（一）事前控制

事前控制是过程控制的基础，是实现项目进度控制目标的前提和保证。根据 A 企业的现状，项目进度预控制主要选择两个方向：材料和施工组织设计。

1. 材料供给优化

在工程建设中，工程进度的快慢取决于建筑材料的供应是否及时、准确。在一个工程项目的建设过程中，对各种材料的需求也是相互联系的。在很多情况下，由于材料供应的延误或材料本身的原因，严重影响了工程的施工进度。因此，严格控制材料供应的时间和质量成为企业项目进度控制过程中的亮点。对于加强项目进度过程中材料供给过程的管理有以下几个方面：

优化材料提交流程。工程开工前，建设项目部应根据图纸明确工程安装过程中所需的全部材料，并制订具体的工程施工进度计划。甲方应根据施工进度及时提交材料，避免因材料供应问题造成的延误。

建立物料到货共享机制。甲方通过智慧园区信息处理系统与项目部建立物资共享平台。材料到达验收无误后，甲方应及时更新材料明细账，并放到文件平台上。

项目部进行物资分配。项目部将会派专门的人员进行物资配送。施工队提前一天将管线单线图交付给材料分配部门。材料分配部门根据单线图所示的物料明细去仓库领取所需的物料。

2. 施工组织设计

为了更好地进行统一调度和管理项目，建立高效的施工组织，实现统一管理和资源共享网站的安装，工程建设指挥集团是建立在企业内部。总部有班组长 1 人，副班组长 2 人，工程安装组负责人 7 人，调度计划员、材料协调员、质控员、技术助理、安全主管若干。

具体施工组织人员的职责安排如下。

（1）组长：整体负责项目现场安装施工管理的工作。

（2）副组长负责安装现场各项资源的平衡调度，管理现场安装材料的完整性，确保项目施工的安全、质量和进度。

（3）安装组负责人：协助组长管理安装现场，协调具体工作。

（4）调度部门：负责编制项目整体网络建设计划，协调调度各项资源（包括人力资源），监控建设计划与网络计划的一致性，确保进度目标的达成。

（5）材料协调员：根据施工计划网络，及时掌握现场设备、材料动态，确保安装材料符合要求；监督现场，识别和收集管道和连接件的证书。

（6）质量控制人员：监督项目的安装质量，搞好安装质量的过程控制和最终验收，并负责项目的整体质量。

（7）技术服务员：负责整体工程的技术服务、日常质量监督和资料整理工作。协助开发建设计划和质量控制技术设计人员回答设计意图，处理一般设计问题。处理设计变更和材料替换问题，建立相关台账（探伤台账、材料台账、变更台账、电气仪表台账、压力管、压力容器清单等）；负责所有项目安装人员的技术培训。

（8）安全主管：负责施工现场的安全管理，明确各系统人员的安全责任，负责编制安全施工计划和安全措施的实施，组织对现场安全施工的检查和评价。每周组织召开项目安装进度会议。

（二）事中控制

事中控制方法利用反馈得到的项目进度来对过程实施控制。通过会计记录和现场观察获取信息，及时与控制目标进行比较分析，并采取纠正性控制措施逐步消除各种干扰的不利影响，确保计划目标的实现。实时过程控制活动，其重点是确保在生产流程计划的顺利实施，严格控制生产活动。

1. 引进先进设备和工具

电动扭住扳手：电动扭住扳手是指拧紧、松开螺栓、螺母的电动工具。它适用于拧紧高强度螺栓的工具，适用于钢结构桥梁、厂房建设、化工、发电设备安装大六角头高强度螺栓施工的初拧、终拧和扭剪型高强度螺栓的初拧，以及对螺栓紧固件的扭矩或轴力有严格要求的场合。

高速端面倒角机：高速端面倒角机是专业加工管道倒角的高效率数控设备。设备是由电机、液压马达+螺杆上下同步夹管，径向自动微分提前/返回刀或轴向 PLC 电气推进/返回刀或径向数控电动推进/返回刀和轴向 PPLC 电推进/返回刀，PLC 触摸屏人机界面参数预置。适用于普通厚壁管的径向、轴向坡口加工和厚壁管的径向坡口加工。与之前的坡口机加工的坡口相比，高速端面倒角机加工的坡口在后期焊接时工作量要小得多。

2. 推广使用弯管技术

弯管是指将管道加工成弯管，一般是指水电专业的金属管道和电 PVC 螺纹管，但已逐渐扩大并应用于工程安装压力小、介质相对稳定的管道中。弯曲可分为冷弯和热煨，一般中小型管径弯头（DN80）可进行冷弯加工；更大的尺寸需要慢炖。

3. 工厂化预制与模块化安装

纵观国内外大型工程的先进施工经验，均采用预制与模块化安装相结合的方式。此案例中可采用以下改进措施：蒸发冷却、风冷模块安装前先安装风机，泵设备最后安装。现场管线连接的管口需提前统一，无连接法兰的，要确定管口的坡口形式；与法兰连接时，应保证法兰的跨距或距离要求，如有异常提前反馈，统一调整，必要时预装配。装焊吊耳时，不仅要考虑车间设备的吊装和使用，还要考虑现场使用吊耳。如有必要，提前与设计部门沟通，更改吊耳形式及规格以方便现场吊装。设备完成后，在安装过程中向人员反馈验收尺寸。如有异常，应及时记录并说明，并提前制定统一调整措施。在设备生产完成并交付到现场之前，可以安排安装人员提前到设备生产过程中支持设备生产；设备生产完成并交付现场后，可安排设备生产人员进行现场安装，充分利用人力资源。

（三）事后控制

为了加强项目建设的标准化管理，减少任意变更，达到项目进度控制的目的，对项目建设过程中的变更进行专门的规范和确定。

1. 变更的定义

根据变更的程度、变更的内容和对安全的影响程度，在质量、进度和成本的建设过程中，变化可以分为三类：① 一般变化（YB），它的影响小，不会引起任何设计参数和设备结构的变化。② 主要变化（JD）：涉及单个或部分设施变化，对过程安全、质量、可靠性、效率和环境有潜在影响。

2. 变更过程

安装过程中发生的一般变化和重大变化经建设方审核后，双方同意的正式变更申请按企业规定办理。变更应由建设方提交变更申请（说明变更原因、变更内容、危害分析等），并由设计人审批。经批准后，安装组根据变更申请的内容进行施工。当有重大变更时，施工方提交变更申请，设计人报设计组审批后，安装团队方可施工。

3. 人员培训

组织安全、环保、设备、技术、质检、安装等团队，根据变更的类别，对实施变更的具体实施人员和检验人员进行过程教育和培训，并归档相关学习资料。

4. 变更的实施

如果变更得到批准，安装团队应负责实施，且不得超出批准的范围和持续时间。如果更改确实需要扩展范围，则必须重新制定变更过程。

5. 变更验收

变更完成后，各部门应进行安全检查。重要或重大变化，由安全部门配合验收。最终审批人负责验证结果的变化。因变更造成工期延误的，施工方应及时与安装团队沟通，并保留相关信息。

6. 变更的记录

每次有变更时，施工队伍应及时登记变更申请台账，每周一次。每月收集整理变更申请台账，作为今后变更竣工时间、增加工程造价的有效依据。

通过以上流程和环节，可以实施规范变更，也可以通过申请等书面材料进行及时变更，以弥补工期延误，实现整体进度控制目标。

本章小结

项目进度管理是项目管理的核心，是项目管理成败的关键。项目进度管理能力是企业项目管理的核心竞争力之一。关键路径法和计划评审技术只考虑项目进度的时间因素，而基于约束理论的关键链技术考虑人的行为因素和资源的约束，在一定程度上解决了项目进度延迟的问题。目前，关键链技术的研究重点主要集中在以下两个方面：如何在单一资源约束条件下识别项目的关键链；如何建立合理的项目缓冲区和传输缓冲区。

项目进度的过程控制和优化的主要流程是找出影响项目进度延迟的主要因素，优化零部件的材料供应和施工组织设计，使用先进的设备和工具在进程内控制和建设，优化事后控制和变更管理技能。通过与业主共享材料信息数据库，优化材料供应，提高材料完好率，从而达到加强进度控制的目的。弯管技术、模块化安装等施工方式主要参考目前国际先进的操作方法，加快工程施工进度。另外，通过技能提升和绩效考核等措施，可以提高员工的工作积极性，保证项目的进展。

思考与习题

1. 简述项目进度计划的目标及作用。
2. 影响项目进度计划的因素有哪些？
3. 如何编制项目进度计划？
4. 项目进度控制的内容有哪些？
5. 项目进度控制的工具有哪些？比较一下他们的优劣性。
6. 项目进度优化的原则有哪些？
7. 案例分析

事件 1：合同约定 A 和 C 的综合单价是 800 元/m³。A 和 C 的工作开始之前，设计单位修改设备的基本尺寸。A 工程量由 4 200 m³ 增加到 6 000 m³，C 工程量由 3 600 m³ 减少到 2 000 m³。

事件 2：工程 A、D 完成后，施工单位计划将后续工程的总工期缩短 3 周，并要求监理单位协助制订合理的工期进度计划，以便对施工单位与施工单位之间的业务进行管理。项目主管提出的跟进工作时间和进度率见表 8-2。

表 8-2 后续工作可以缩短的时间及其赶工费率表

工作名称	F	G	H	I	J	K	L	N
可缩短时间/周	3	2	0	2	3	3	2	0
赶工费率（万元/周）	0.9	0.8		1.0	3.0	1.0	2.0	

事件 3：调试工作结果如表 8-3 所示。

表 8-3　调试工作结果表

工作	设备采购者	结果	原因	未通过增加费用
K	建设单位	未通过	设备制造缺陷	4
L	建设单位	未通过	安装质量缺陷	4
J	建设单位	通过		
N	建设单位	未通过	设计缺陷	3

问题：

（1）在事件 1 中，设计修改后，在单位时间内完成的工作量不变的前提下，A 和 C 分别工作持续时间为多少周？它会影响合同的总期限吗？为什么？A 和 C 的工作费增加了多少？

（2）在事件 2 中，项目主管如何调整方案以满足建设单位的要求并使项目成本最小化？说明理由。额外加急费用的最低金额是多少？

（3）根据表 8-3 中未通过的调试工作，根据施工合同确定责任，确定应支付给施工单位的费用。

第九章

精益生产

通过本章内容的学习，正确理解精益生产的含义和特征；进一步了解精益生产方式的发展历史以及重要发展阶段；了解精益生产的主要内容；认识精益生产的主要原则；理解和认识精益生产过程中八大浪费的内容。在本章的学习后，对精益生产方式的大致内涵和内容有进一步的理解和认识，拓展知识视野。

第一节　精益生产的概念

一、精益生产的含义

精益生产的含义或者概念可以理解为：生产出来的产品能尽量满足顾客的需要和需求，通过对各个环节中采用杜绝一切浪费的（人力、物力、时间、空间）方法与手段满足顾客对价格的要求。精益生产方式是一种在降低成本的同时使质量显著提高、在增加生产系统柔性的同时也使人增加对工作的兴趣和热情的生产经营方式。

二、精益生产的特征

《改变世界的机器》一书中，分别从 5 个方面论述了精益生产的特征，可以让我们对精益生产有进一步的认识，这 5 个特征分别是：

（1）以用户或顾客为"上帝"。将产品面向用户，与顾客保持密切联系，将顾客与产品开发的过程联系在一起，以最短的交货期不断地满足用户的个性化需求，真正体现"顾客为上帝"的理念。

（2）以"人"为中心。充分发挥所有员工的积极性和创造性，下放部分权力，使大家都能积极为企业建设贡献计策，而不是单打独斗，默默无闻，让人都能参与其中，形成具有竞争意识的、良好氛围的企业文化。

（3）以"精简"为手段。实现组织机构的精简化，删掉所有多余环节和人员。在生产过程中，就采用先进的柔性加工设备，减少非直接生产工人的数量，减少不必要的、多余的成本花费。另外，采用 JIT（准时生产）管理和看板管理来管理物流各个环节，大幅度减少库存，甚至实现零库存，同时也减少了库存管理人员、设备和场所。

（4）团队合作。精益生产强调团队合作，用团队合作方式去对产品进行并行设计。团队工作组是由企业各个部门的不同技能的专业人员组成的具有多种功能的设计团队，对产品的开发和生产有很强的指导能力和创造能力。团队合作是企业得以不断发展的根本动力，也是十分重要的一个内容。

（5）准时供货方式。准时供货方式具有可以保证最小的库存和在制品数的优势，大大节省了库存占用成本，给资金的流动提升了空间。要实现这种供货方式，企业应与供货商保持良好的合作关系，时刻有信息的沟通交流，相互信任和支持，互利共赢。

精益生产追求的目标在于精益求精、尽善尽美，使成本不断地降低到合理范围，尽可能做到零库存、零浪费和产品品种的多样化。它比以往提出的任何一项技术所包含的内容更多、范围更广，其解决问题的方法也更全面。精益生产在未来将改变几乎所有的公司事务，包括消费者、企业员工甚至公司的命运，有着举足轻重的地位和影响力。正如 20 世纪初福特生产方式所带来的工业飞跃一样，精益生产也会使制造业进入一个前所未有的时代，并将对世界经济的变化产生深远的影响。

第二节　精益生产方式的产生和发展

一、精益生产方式的产生

20 世纪 60 年代开始，以丰田汽车生产为代表的日本汽车制造业通过实施 JIT 生产模式，以低成本、高质量的显著优势迅速占领了美国汽车市场。JIT 生产因其经营效率的极限化而被美国学者赞誉为"精益生产"，同时对人类的生产革命产生了深远的影响。

精益生产方式（Lean Production）是美国专业人士在全面研究以准时生产方式为代表的日本式生产方式在世界大部分发达和发展中国家应用情况的基础上，于 20 世纪 90 年代提出的一种比较具有概括性的、完整的生产经营管理理论。

20 世纪 80 年代之后，迅速发展的信息技术为企业改变原有的经营方式、管理方式和运作方式提供了极好的机遇和条件。精益生产方式的理论，就是在这样的背景下逐渐产生的。该理论的研究自 1985 年开始，在丹尼尔·鲁斯的领导下，用了近五年的时间，耗费了近 500 万美元的巨资，组织了多位专家，调查了世界多个国家的共计约 90

多个汽车制造厂，对大量生产方式和精益生产做了详尽的实证性研究考察，然后进行比较，最终得出的结论是：精益生产是"人类制造产品的非常优越的方式"，它能够广泛通用于世界各国的各类制造型企业，并预言这种生产方式将成为未来21世纪制造业的标准生产方式。该理论所称的精益生产是对准时生产方式的进一步提炼和理论总结，其内容范围得到了扩展和丰富，不仅只是生产系统的运营、管理方法，还包括市场预测、产品开发、生产制造（其中包括生产计划与控制、生产组织、质量管理、设备保全、库存管理、成本控制等多项内容）、零部件供应系统直至营销与售后服务等企业的一系列活动。这样一种扩大了的生产管理、生产方式的概念和理论，使得世界生产与经营一体化、制造与管理一体化的趋势日益明显。

二、精益生产方式的发展

从工业经济诞生到20世纪初这段时间，生产都是以手工的单件小批量生产为主。它采用的设备或者工具都十分简单，但是员工却大都拥有精湛的技艺，让人都觉得是"大材小用"了。在这种生产方式下，为赢得客户而进行专门的设计和生产是很容易的，因为它生产的产品更像一件艺术品，往往能受到顾客的青睐，但是这种生产方式的产品产量非常低，而且质量没有保障，价格通常也比较昂贵。这种生产方式在工业化初期十分盛行，主要因为管理简单，并不需要很复杂的管理手段。很多工人本身就是业主，没有明确的分工和生产组织。由于单件生产效率低下的固有特点，它越来越不适应工业发展的要求。随着市场需求的增长，这种生产方式越来越"力不从心"，必须从少数人员作业转变为工厂员工的协作，才能满足规模和效率的要求。

批量生产是工业制造发展史上的一次重大变革，它标志着现代工业的开始和起步。没有批量生产就不能称之为工业。但在当时批量生产却经历了一段艰难的探索过程。首先，要实现批量生产，就必须让所有的零件能够拥有统一标准，而且非常方便地相互连接，这就是零件互换性。由于这一项重要的工艺革新，零件获得完全的互换性，使福特公司取得了巨大的生产效率。福特公司一名装配工的平均工作周期由 514 min 下降到 2.8 min。随着生产规模的扩大，工厂变得越来越繁忙。福特发现工人从一个工位走到另个工位，耽误了不少时间，也造成了工作的混乱。1913 年，福特在底特律新厂房里建设了世界上的第一条流水线。流水线的出现使工人的工作效率发生了质的飞跃。零件互换性和流水线的出现为批量生产方式奠定了坚实的基础，同时也带动了劳动的组织结构、产品开发、生产装备等一系列的巨大变革，与批量生产相适应，实行最大限度分工，工厂采用半熟练的工人，而且几乎不需要培训就能实现岗位替换。当然，分工同时带来了组织的变化，工厂成立了各种各样的职能部门，出现了专业的设计人员和专门的管理人员。根据批量生产需要，生产装备采用高效率的专用设备，用生产线来制造产品。与单件生产相比，流水线生产产量更大、效率更高、成本更低。

日本提出丰田生产方式，促进了准时生产的发展。1950 年初，丰田英二到达底特律的福特公司的鲁奇工厂进行了三个月的细致考察，丰田英二发现福特公司用一组冲床来专门生产某一种特定的零件。这样制造车身的冲压设备就需要几百台；对数量的片面追求，忽视因检修或待料等造成的停工，及由于产品质量问题而出现大量半成品和成品库存等现象，致使产品转型缓慢。丰田英二和他的同事大野耐一共同研究并得出结论，这种批量生产方式不适用于日本。为适应狭小的市场，大野耐一先生创立了"适时生产"系统，即根据市场的预测，生产符合市场需求的产品。为此，丰田公司邀请戴明先生对公司的生产方式变革进行指导，并积极实践戴明倡导的 PDCA 循环和统计质量的管理思想。通过贯彻市场预测的观念，使产品质量在制造过程中得到保障，而不是像批量生产方式出现大量的返修。为实践这种管理哲学，丰田公司充分发挥小组团队的作用。在丰田公司的每个岗位上都有生产线停止的开关，当员工发现问题时就按下这个开关，提醒班组长和团队成员，班组长将会很快到达暗灯发生的地方，与员工一起解决问题，以确保同样的问题不再发生。如果问题比较严重，相关的技术人员也会很快到达现场，直到问题解决才重新启动流水线，这样充分调动了全员的参与，锻炼了员工的技能，提高了小组的团队合作精神。随着小组解决能力的增强，生产线的实际停线时间越来越少。丰田公司利用自身管理、技术等的优势，帮助供应商进行改进，共同分析成本，共享改进收益。这样所有供应商都能够按照丰田生产方式组织生产，与丰田公司保持一致。因此丰田公司的供应商供货频率、供应链的库存水平，以及应变能力都相应得到提高。丰田公司将供应商分为多级，一级供应商对丰田公司按模块化、大总成供货。由于供应商数量有限，便于供应商评估与改进以及长期稳定协作，所需的采购人员也大大降低。

在用户关系上，丰田公司营销人员都是以小组为单位，小组作为一个集体去统一计酬。小组成员在用户向他们提出具体问题时需要共同参与讨论，小组成员在派往经销点售车前都要在丰田公司自办大学中接受产品、维修、服务、销售等的知识培训。同时，丰田公司的营销非常重视顾客对品牌忠诚度的培养，当用户购买了一辆丰田汽车，用户就相当于成为丰田家族中的一员，销售人员还会打电话询问情况，为客户解决汽车使用过程中遇到的问题。丰田公司采用订单销售方式，展场除了三四台展车以外看不到别的汽车，减少了场地和库存积压；客户根据自己的需求确定下达订单，10天后将会由工厂生产出来并直接送到客户的家中。精益生产方式带来的快捷的制造周期是十分有效的。

第三节　精益生产的主要内容

一、充分发挥人的作用

精益生产反对把工人看作一个机器，像机器一样重复操作设备，而把人当作是最宝贵的东西，把人作为解决问题的根本动力。在这种新观念的指导下，通过提案制度、团队工作方式、目标管理等一系列具体方法，充分调动和鼓励全体职工进行"创造性思考"的积极性，最大限度地挖掘和发挥每个人的巨大潜能。主要实施方法有：① 弹性配置作业人数；② 减少多余的岗位和人员；③ 生产线上实行工人集体责任制；④ 充分发挥工人的主观能动性和积极性。

二、从根源上保证质量

传统观念一直以来都认为，质量和成本之间是负相关的关系，想要提高质量，就必须投入更多的人、财、物力来开展质量管理。所以，传统生产运作中，往往会设定一个适当的质量水平，允许部分、一定的不合格品存在。但精益生产却完全打破了这种传统观念束缚，它认为可以把生产过程中的不必要的浪费消除，同样能实现高质量产出。同时将不合格产品所产生的返修、后续加工损失、企业形象负面效应等间接成本因素的影响几乎都考虑进来，认为质量和成本之间是一种正相关的关系，即提高质量可以通过降低成本实现的，并不一定就必须要用高成本实现。事实上"零缺陷"是"零库存"的保证，如果没有从根本上实现质量的保障，生产过程就难以正常运行，就不可能真正做到准时生产。

精益生产的质量管理方法是"自动化"，特指以下两种机制：一是通过在设备上开发、安装各种自动加工状态检测装置和停止装置等，使设备和生产线可以实现自动检测，一旦出现问题或异常情况也能自动停止的机制；二是生产线上的生产操作工人一旦发现问题或异常情况，有权自行手动停止运作。依靠这样的机制，一出现问题或异常情况就会马上被发现，原因也能被及时发现，从而采取针对性的解决措施，防止类似问题的再次发生。这样，既克服了不合格品的重复或累积出现，也避免了不合格品向后续工序的流转和进一步加工，杜绝了由此可能造成的大量浪费。

三、优化生产运作系统设计

精益生产认为，生产运作系统运行的效果，在很大程度上是在生产运作系统设计时就已经决定了的。所以，改进生产运作系统，应该从最根本的生产运作系统设计入手，而不是盲目地去改进。

（一）简化设计

精益生产特别强调在设计时树立"最简单的往往是最有效的""简单、简单、再简单"的思想意识。具体地，在设计产品时，要避免产品设计复杂烦琐化，尽量做到结构简单，最好是有统一的标准，容易加工和装配。具体方法有：采用一种基型、多种变型设计；采用模块化设计；产品内部尽量使用标准件和通用件。在工艺设计时，要尽量简化工艺路线，采用简单的、便于工人掌握的具有防错功能的工艺设备和加工方法，突出柔性化的发展方向。

（二）建立准时生产的制造单元

实行准时生产的第一步是"把库房搬到厂房里"，现产现管，使问题明显化。第二步是不断减少在制品库存，使得各个工序的在制品库存消失在厂房中，以实现准时生产。准时生产要求对生产运作现场进行重新布置与整理，实行现场管理和定置管理，为每个工作地设置一个入口存放处和一个出口存放处，明确规定产品从投料、加工到完工的物流路线，为此，要按产品对象建立面向一组相似零件加工的准时制造单元。该制造单元具有两个明显的特征：一是在该制造单元内，零件是一个个地经过各种设备，而不是像一般制造元那样一批批地在设备间移动，而且工人跟着零件走，从零件进入单元到加工完离开，整个过程始终是一个工人操作；二是该制造单元具有很大的柔性，可以通过调整单元内的工人使单元的生产率与整个生产运作系统保持一致。

四、建立项目型的组织管理模式

（一）领导方式

参与设计工作的各种专业人员共同组成的项目团队由项目负责人全权负责。项目负责人具有很大的权力，直接控制完成设计计划所需的全部资源条件，是队员中的领导者，其意见对队员今后的发展有重要影响。相反，传统方式下企业虽然也成立设计小组，但小组负责人没有实权，他的工作只是协调，设计的成败对小组负责人和小组成员的影响都不大，小组成员更多地对原部门负责。

（二）集体协作

项目团队成员虽仍保持与原职能部门的联系，但在工作上完全接受项目负责人的领导、控制与考核，为项目开展工作创了良好的环境氛围，促使小组成员一心一意扑在项目上，相互紧密团结合作，以争取项目早日成功。相反，传统方式里公司中小组成员只是短期从职能部门借调来的，并不是长期的，项目本身也在进行过程中从一个部门转移到另一个部门，小组成员不断变换调节，并且小组成员更多根据本职能部门领导的考核进行提升，所以不可能专心于项目，无法为了项目协力工作。

（三）信息交流

在传统做法中，人们倾向于回避矛盾，所以，总是把一些重大的设计决策问题推脱到最后或者根本不想参与，导致设计工作过程中不断出现这样或那样的问题，越积越大，最后要耗费多几倍的精力进行协调和更改设计。相反，按照项目型管理，一开始就将所有团队成员召集到一起，在集体讨论、互相沟通的基础上，就有关问题，特别是一些重大问题做出决定，并由每个成员签署正式誓约，明确不管遇到什么困难都保证完成任务。一开始就明确有关问题，使每个成员都心中有数，明白自己的任务还有该如何参与团队合作，这样成员就可以集中精力顺利完成自己承担的任务。

五、建立新型的公共关系

（一）与供应商的关系

在传统生产运作中，装配厂与供应商之间其实是一种买卖关系，是一种松散的配合关系。这使得供应商并没有长期合作的打算，也没有改进工作、改进质量的积极性。而精益生产以"双赢"思想为指导，主张装配厂与供应商建立长期的合作关系，进而双方才会努力去实现互利共赢。

（二）与用户的关系

精益生产在处理与用户的关系方面，坚持"用户至上""用户第一"和"用户就是上帝"的指导思想，以积极主动的态度开展"进攻性销售"，通过高质量的服务来提升产品的竞争力，吸引用户。精益生产作为一种先进的现代生产经营方式，是生产运作管理的一次革命。虽然其基本思想很简单，但真正理解并付诸实施却是一项庞大的系统工程，涉及企业的每一个部门和每一个人，渗透到企业的每一项活动之中，需要企业全体人员长期不懈的努力。

第四节　精益生产原则

精益思想有五个原则：

（1）价值观：精益思想认为产品的价值需由最终的用户来确定，价值只有满足特定的用户需求才有存在的意义。

（2）价值流：是指从原材料到成品赋予价值的全部活动。识别价值流是精益生产的起步点，并按照最终用户立场寻求全过程的整体最佳状态。

（3）流动：精益生产强调要求各个创造价值的活动需要流动起来，强调的是动。

（4）拉动：拉动生产亦即按用户需求拉动生产，而不是把产品强行推给用户。

（5）尽善尽美：用尽善尽美的价值创造过程为用户提供尽善尽美的价值。

精益生产的原则与精益思想的原则十分相似，其内涵有相通之处但表述上略有不同。精益生产的原则包括效率经济，以更少的资源、更快的速度、更低的成本和更优的品质为客户创造价值，流畅制造、制造质量、全员参与、标准化生产、持续改进为精益生产的五项原则，如图 9-1 所示。

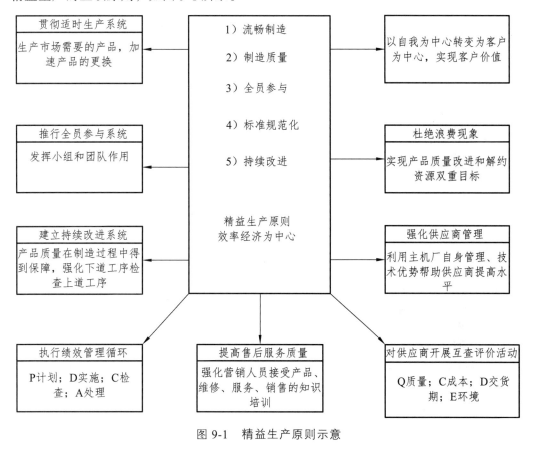

图 9-1　精益生产原则示意

第五节　精益生产八大浪费

精益生产中的浪费比我们通常所说的浪费的概念要广泛得多。按照丰田汽车公司的定义，"凡是超过生产产品所绝对必要的最少量的设备、材料、零部件和工作时间的部分，都是浪费"。这个定义中的"绝对必要"听起来比较含糊，没有固定的标准。美国管理专家对此做了一定的修正，"凡是超出增加产品价值所必需的绝对值最少的物料、机器和人力资源的部分，都是浪费"。

这里有两层含意：一是不增加价值的活动，是浪费；二是尽管是增加价值的活动，所用的资源超过了"绝对最少"的界限，也是浪费。以下的说明将有助于我们理解精益生产方式中有关浪费的内涵。

在生产过程中，只有真正在实体上改变了物料，其活动才能增加价值。加工零部件，增加价值；组装产品，增加价值：油漆、包装等工序活动，也增加价值。不过，工厂中很多常见的活动并不增加价值，例如，点数、库存不增加价值，品质检验也不增加价值。许多人认为搬运会增加价值，其实恰恰相反，搬运不仅不增加价值，反而可能会减少价值（常常引起损伤、报废），相当于花费了额外的成本——劳动成本。这些不增加价值但增加了成本的活动都是浪费。

工厂中常见的浪费如下。

1. 不良修理的浪费

不良修理的浪费是指工厂内发生不良品时，需要进行处置的时间、人力、物力以及由此造成的相关浪费，比如以下内容：

（1）材料的损失。

（2）设备、人员工时的损失。

（3）额外的修复、选别、追加检查。

（4）额外的检查预防人员。

（5）降价处理。

（6）出货延误取消订单。

（7）信誉下降。

2. 加工的浪费

加工的浪费亦称为"过分加工的浪费"。一方面是指多余的加工，另一方面是指，过分精确的加工，如实际加工精度比加工要求要高，造成资源的浪费，比如：

（1）需要多余的作业时间和辅助设备。

（2）生产用电、气、油等能源浪费。

（3）管理工时增加。

3. 动作的浪费

生产现场作业动作的不合理导致的时间浪费，如：

（1）物品取放、反转、对准。

（2）作业步行、弯腰、转身。

4. 搬运的浪费

搬运是一种不产生附加价值的动作。搬运的损失，分为放置、堆积、移动、整列等动作浪费，如：

（1）物品移动所需的空间浪费。

（2）时间的耗费。

（3）人力、工具的占用。

国内目前有不少企业管理者认为搬运不是浪费，一些活动需要搬运，其理由是没有搬运难以完成某些活动。正因为如此，很多人对这种浪费视而不见，更谈不上改变、消除搬运的浪费。也有些人利用传送带的方式来减少"搬运"花费的劳力成本，其实，此种做法相当于花费大钱来减少工人体力的消耗，并没有实际、完全地消除搬运本身的浪费。

5. 库存的浪费（含中间在制品）

库存量越大，资金积压就越大。库存包括零部件和材料库存，半成品（在制品）库存、成品库存、已向供应商订购的在途零部件库存等。库存浪费的存在形式多种多样，主要表现在：

（1）产生不必要的搬运、堆积、放置、防护、寻找等浪费的时间、空间和动作。

（2）使先入先出的作业原则难以保障。

（3）资金占用（损失利息）及额外的管理费用。

（4）物品的价值衰减，变成呆料、废料。

（5）占用空间和通道，影响日常活动和安全，且造成多余的仓库建设投资或租金投入。

（6）掩盖瓶颈或能力不足等管理问题。

库存水平高会将许多管理不善的问题掩盖，不易让人发现，使问题得不到及时解决。如机器经常发生点停故障（短暂停机）、设备调整时间太长、设备能力不平衡、工人缺勤、零件供应不及时等问题。当库存水平较高时，不良机械故障不会马上导致问题，故对策可以慢慢实施，产生了不良品也一样，可以慢慢来解决。同样的，换模调整时间也不会排在优先解决之列。由于库存量过多，设备能力不平衡时也不容易看出来（库存越多，越不容易看出），人员调度是否合理或过剩也无法了解。正因为库存的存在，以上诸多浪费、问题就难以发现，传统管理技术中"视库存为必要"的观点，在精益生产中已成为造成问题的原因，库存必须大幅度减少甚至要消除。减少库存时就能发现更多的本质问题，最终物料就能顺利地按计划在各车间、工序间流动、使用。精益生产就是要通过不断减少库存来暴露管理中的本质问题，然后解决它，不断消除浪费，进行持续不断的改进。

库存还会带来更严重的后果，造成一些无法弥补的无形损失，如：

（1）没有改善的紧张感，阻碍改善的活性化。

（2）员工产生惰性。

（3）造成设备能力及人员需求的误判。

6. 制造过多（早）的浪费

精益生产强调"适时生产"：必要的东西要在必要的时候需要必要的数量，除此以外的都是浪费。而所谓必要的东西和必要的时间，就是指顾客（或下道工序）已决定要的数量与时间。例如，顾客要买 1 000 个产品，每个 1 元，生产了 1 200 个，它并没有带来 1 200 元的收益。多余的 200 个仅仅变成了库存没有产生利益，是浪费。

同样，许多工厂内在工序处都放置了不少在制品库存，所有工序的在制品数量之和换算成现金可能就占了很大部分资金，很可能就影响了企业资金流动。与理想状态各工序间在制品数量的状况相比，多出来的都是浪费。许多工厂都存在制造过多或过早的现象，最大的原因是因为他们不知道这是一种浪费，也没有去改变这一现象。在许多企业经营管理者认为多做就是提高效率，提早做好能够减少产能损失（设备买回来是用来生产零部件的，让设备停下来简直不可思议），这算是一个误解，正确的想法应该是考虑一个合理范围。

企业的利润从何而来？绝不是任何来自中间工序多生产的在制品，真正利润的产生应该是来自销售。为了赚取更多的效率与产能，就可能造成额外浪费，而销售量却并没有增加，那么只是增加了库存量，没有增加利润，这就是浪费。因此，认为尽可能多制造，尽可能早制造能够提高效率或减少产能损失，是一种见树不见林的思维。

制造过多（早）的浪费在工厂常见浪费中被视为是最大的和最容易被忽视的浪费，其带来的影响如下：

（1）它只是提早花掉了费用（材料费、人工费）而已。

（2）它会把"等待的浪费"隐藏起来，使管理人员看不到它们而使之永远存在下去，从而失去了改善、消除浪费的机会，也失去了进而增强企业的机会。

（3）它会使工序间积压在制品库存，会使制造周期变长，且所需的空间变大。在许多企业里，车间像仓库，到处都是原材料、在制品、完成品，或有许多面积不小的所谓中转库。

（4）它会产生运作、堆积的浪费，并使得先入先出作业变得困难。

（5）需要增加踏板、包装箱（周转箱）等容器。

（6）库存量变大，管理工时增加。

（7）利息负担增加。

7. 等待的浪费

因断料、作业不平衡、计划不当等造成无事可做的等待，称为等待的浪费，也称之为停滞的浪费。在许多企业，会发现有不少人站在机器设备旁，只是看着机器并没有做什么，大部分时间无所事事，即所谓监视（看守）的浪费。精益生产的实践表明，在很多情况下，完全可以通过有效的管理和方法大幅度减少这种浪费。

等待的浪费主要表现有：

（1）生产线的品种切换导致等待。

（2）每天的工作量变动很大，当工作量少时，便无所事事。

（3）时常因缺料而使机器闲置。

（4）因上游工序发生延误，导致下游工序无事可做。

（5）机器设备时常发生故障。

（6）生产线未能取得平衡

（7）有劳逸不均的现象。

（8）制造通知单或设计图并未送来，导致等待。

8. 管理的浪费

精益生产中还存在"第八大浪费"，即管理上的浪费。管理浪费是指在制造现场，没有很好的管理人员，没有很好的管理制度。管理的目的是让工作人员和生产设备处于一个良好的工作状态下，使问题得到有效解决，从而提高生产效率。但是如果不能实施精细化管理，那么管理效果就会不尽如人意。很多时候，这种浪费是管理人员导致的，所以企业需要对管理人员进行定期的培训，让他们拥有最新的管理经营理念，才能带领大家共同进步。

这些浪费就像一条条的蛀虫，侵蚀着企业，如果不能及时把它们消灭，企业就很难成长发展起来。

图 9-2 精益生产中企业的八大浪费示意图

案例解读

丰田零库存之精益生产

1. 细节凝结效率

现代标准化的大生产管理是从泰勒制开始发展起来的。泰勒管理的最大特点就是将各个细节标准化，对人的每一个动作活动都进行精确的测量和计算，在找到最大化地发挥动作的效益之后，就将这一动作当作一个标准确定下来，让员工按此标准执行。这种做法的客观效果是实现了效益的最大化，细节成为效率的基础和前提，也是提高效率实现零库存的关键。那么，丰田公司的零库存是怎么来的？下面就让我们去了解一下。

丰田汽车公司是继美国通用汽车公司后的世界汽车业巨头，也是世界上利润最高的企业之一。它创造出了一种独特的、前所未有的生产模式，被称为"丰田生产方式"。

这种生产方式，简单来说，就是建立在杜绝浪费的思想基础上，用科学合理的方法去生产管理，而创造出来的一种生产方式，也就是所谓的零库存计划。

杜绝浪费，这对于每一个企业都是涉及提高效率增加利润的大事，但恐怕任何一家企业都不比丰田公司做得精细。丰田公司对生产浪费做了严格区分，将主要的浪费现象分为以下七种：

（1）生产过量的浪费；

（2）窝工造成的浪费；

（3）搬运上的浪费；

（4）加工本身的浪费；

（5）库存的浪费；

（6）操作上的浪费；

（7）制成次品的浪费。

正是这种精于细节的态度，使丰田公司认为，公司25%的人正在等待着什么，30%的人可能正在为增加库存而工作，25%的人正在按照低效的标准或方法工作。在这七种浪费现象中，我们看看丰田公司是如何避免和杜绝库存浪费的。

许多企业的管理人员都认为，库存比以前减少一半左右就无法再减了，但丰田公司就是要将库存率降为零，为了达到这一目的，丰田公司采用了一种防范体系。为了建立这种防范体系，丰田公司在细节处真正做足了功夫。就以作业的再分配来说，几个人为一组干活，一定会存在有人"等活"之类的窝工现象存在。所以，有人就认为，对作业进行再分配，减少人员以杜绝浪费并不难。但实际情况并非完全如此，多数浪费是隐藏着的，尤其是丰田人称之为"最凶恶敌人"的生产过量的浪费。丰田人意识到，在推进提高效率缩短工时以及降低库存的活动中，关键在于设法消灭过量生产的浪费。为了消除这种浪费，丰田公司采取了很多措施。比如就自动化设备来说，该工序的"标准手头存活量"规定是5件，如果现在手头只剩3件，那么，前一道工序便自动开始加工，加工到5件为止。到了规定的5件，前一道工序便依次停止生产，制止超出需求量的加工。后一道工序的标准手头存活量是4件，如减少1件，前一道工序便开始加工，送到后一道工序。后一道工序一旦达到规定的数量，前工序便停止加工。像这样，为了使各道工序经常保持标准手头存活量，各道工序在联动状态下开动设备。这种体系就叫作"防范体系"。

在必要的时刻，一件一件地生产所需要的东西，就可以避免生产过量的浪费。但是，必须知道"必要的时刻"是什么时候。于是，"单位时间"的意义就很重要了。"单位时间"是制造一件产品所需要的时间，只能从产品的需求量里推算出来。"单位时间"是用"一天的需求件数"除以"一天的可动时间"求出的。"可动时间"是一天内机器可以开动的时间。

在丰田生产方式中，开动率和可动率是严格区分的。所谓开动率就是，在一天的规定作业时间内（假设为8小时），有多长时间使用机器制造产品的比率，假设有台机器只使用 4 小时，那么这台机器的开动率就是 50%。开动率这个名词是表示为了干活而转动的意思，倘若机器单是处于转动状态即空转时间，即使整天开动，开动率也是零。丰田公司不用运转率，而全部使用开动率这个词。

2. 机器停着也能赚钱

可动率是指在人想要开动机器或者设备时，机器能按时正常转动的比率。最理想的可动率是保持在 100%。为此，必须按期进行保养维修，事先排除故障。

拿私用汽车来说，可动率是用百分比表示的，即自己的汽车处于想什么时候开都能顺利开动的状态。开动率则是一天内有几小时开动了自己汽车的比率。人员需要的时候才坐汽车，所以，100%的开动率并不是理想的。如果没有事整天开汽车闲逛，就是浪费汽油，汽车出故障的可能性也会增多，这是不合算的。由于汽车的产量因每月销售情况不同而有所变动，开动率当然也会随之而发生变化。如果销售情况不佳，开动率就下降；反之，如果订货很多，就要长时间加班或倒班，有时开动率为 100%，有时甚至会达 120%或 130%。因此，不能把开动率的百分比作为一个工厂的目标。

参观丰田工厂可以看到，它和其他工厂一样，机器一行一行地排列着。但有的在运转，有的没有启动，很显眼。于是有的参观者就会疑惑不解："丰田公司让机器这样停着也能让它赚钱？"不错，机器停着确实也能赚钱! 这是由于丰田汽车公司创造了这样独特的工作方法：必须做的工作只在必要的时间去做，不仅可以避免生产过量的浪费，还可以避免库存的浪费，这就是丰田公司的精细化生产。如果不是在每一个细节上都精益求精，是不可能达到这种效果的。

3. 均衡化

现在，让我们用具体实例来谈谈生产的均衡化问题。丰田汽车工业公司的堤工厂（设在爱知县丰田市），实行的均衡化是这样的：这个厂有两条生产线，轮流生产"花冠牌""卡丽娜牌"和"塞丽娜牌"的汽车。通常，他们上午生产"花冠牌"汽车，下午就生产"卡丽娜牌"汽车，而不采取集中生产的办法。这就是为了保持"均衡化"。

这种办法重点在于尽量缩小同一品种的生产批量，以免给前一道工序造成不良影响。虽然他们只在另一条生产线上集中生产产量大的"花冠牌"汽车，但是，这里要求更细致的均衡化。例如，一个月工作 20 天，生产 1 万辆"花冠"。具体说就是，如果其中分为轿车 5 000 辆，硬盖车 2 500 辆，旅行车 2 500 辆，那么，日产量就是轿车250 辆，硬盖车和旅行车各为 125 辆。那么，生产线上究竟如何流动呢？每隔一台是轿车，而硬盖车和旅行车则是以每隔三台的形式流动生产，因此可以使批量最小化，而使生产的变异减至最低程度。在丰田汽车工业公司，有大量生产工序的整车装配线就是这样细致地进行生产。例如长期以来生产现场的常识是冲压机尽可能用一个模具连续冲压，这样才能降低成本，因此需要把批量尽量合在一起，以便使冲压机不停地持续工作。而在采用了全新的基于丰田生产方式的生产方法的情况下，冲压部门要实行生产的"均衡化"，就必须打破常规，采取打乱原有的按计划生产的大量生产体制，而尽量缩小批量的反传统措施。

本章小结

通过本章的学习，我们应该知道精益生产的含义是在各个环节中减少甚至杜绝一切浪费去满足顾客对价格的要求，以最低成本去达到满足顾客需求、提高质量的目标。我们应该了解到精益生产方式的发展历史是以丰田汽车生产方式逐步发展成现在的程度的，了解它的发展历史，才能知道它的价值所在。此外，我们还应该认识精益生产的主要内容，知道精益生产的原则是效率经济，以更少的资源、更快的速度、更优的品质为客户创造价值，有流畅制造、制造质量、全员参与、标准化生产、持续改进为精益生产的五项原则，知道精益生产的八大浪费是不良修理的浪费、加工的浪费、动作的浪费、搬运的浪费、库存的浪费、制造过多浪费、等待的浪费和管理上的浪费。

思考与习题

1. 学习本章的内容后，你觉得精益生产的优势体现在哪里？
2. 有人说精益生产只适合在汽车生产行业实施，你如何评价这句话？
3. 假如你是一名公司上层领导，你会如何在企业中推广精益生产方式？
4. 你觉得目前中国企业应用精益生产存在什么问题？
5. 请你列举几个目前应用精益生产方式比较成功的企业。

参考文献

[1] 刘永悦，王艳亮. 生产运作管理[M]. 北京：清华大学出版社，2011

[2] 李怀祖. 生产计划与控制[M]. 北京：中国科学技术大学，2001

[3] 王巍，姜雪松. 生产计划与控制[M]. 哈尔滨：东北林业大学出版社，2016.

[4] 王晶. 生产运作管理[M]. 北京：清华大学出版社，2011.

[5] 陈荣秋，马士华. 生产与运作管理[M]. 北京：高等教育出版社，2006.

[6] 马法尧，王相平. 生产运作管理[M]. 重庆：重庆大学出版社，2015.

[7] 张永红，白洁. 生产运作管理实务[M]. 北京：北京理工大学出版社，2014.

[8] 陈立，黄立君. 物流运筹学[M]. 北京：北京理工大学出版社，2015.

[9] 周永务，王圣东. 库存控制理论与方法[M]. 北京：科学出版社，2009.

[10] 曲立. 库存管理理论与应用[M]. 北京：经济科学出版社，2006.

[11]（英）沃尔特斯. 库存控制与管理[M]. 李习文，李斌，译. 北京：机械工程学院
    出版社，2005.

[12] 黄卫东. 企业资源计划[M]，北京：人民出版社，2016.

[13] 邓华. 生产计划与控制[M]. 北京：中国纺织出版社，2017.

[14] 陈国华. 生产运作管理[M]. 南京：南京大学出版社，2016.

[15] 王丽莉. 生产计划与控制[M]. 北京：机械工业出版社，2016.

[16] 潘尔顺. 生产计划与控制[M]. 上海：上海交通大学出版社，2003.

[17] 叶春明. 生产计划与控制[M]. 北京：高等教育出版社，2005.

[18] 郑成法. 基于关键链技术的项目进度管理研究[D]. 大连海事大学，2018.

[19] 李泽. GCP 公司 MES 项目进度计划与控制研究[D]. 华南理工大学，2016.

[20] 吴限. 通快机床国产化项目进度计划优化研究[D]. 华南理工大学，2018.

[21] 杨建莹. 黄骅港门机检测系统项目进度管理研究[D]. 燕山大学，2018.

[22] 张莉丽. AS 公司钢材预处理生产线大修项目进度计划与控制研究[D]. 大连海事
    大学，2018.

[23] 郭金龙. EPC 项目的计划管理与进度控制[J]. 居舍，2018.

[24] 王坤. 黄骅港一期堆场自动化改造项目进度管理研究[D]. 燕山大学，2018.

[25] 肖智军等. 精益生产方式 JIT[M]. 深圳：海天出版社，2002.

[26] 刘树华，鲁建厦，王家尧. 精益生产[M]. 北京：机械工业出版社，2010.

[27] 冯云翔. 精益生产方式[M]. 北京. 企业管理出版社，1995.